Helga 11

Reinhold Schneider wurde am 13. Mai 1903 in Baden-Baden geboren, er starb am 6. April 1958 in Freiburg.

Moritz von Schwind, geboren am 21. Januar 1804 in Wien, starb am 8. Februar 1871 in München.

Reinhold Schneider fand nach dem Zweiten Weltkrieg in der Heiligen Elisabeth ein Vorbild für mutige Solidarität und christliche Nächstenliebe, ein Vorbild auch für die verändernde Kraft des christlichen Glaubens. Sein einfühlsames Lebensbild dieser selbstlos hilfreichen jungen Frau wurde 1956 erstmals in dem von Theodor Heuss herausgegebenen Band *Die großen Deutschen* veröffentlicht. Wenn der Ministerpräsident von Thüringen, Bernhard Vogel, heute die erste selbständige Ausgabe dieses Textes mit einem Vorwort begleitet, dann erinnert auch er daran, »was die Frau in der Geschichte vermag«, vor allem aber daran, daß Elisabeths Wirken sich an einem für Deutschland als Kulturnation bedeutungsvollen Ort vollzog: »In der Gegend der Wartburg, wo die Heilige aus Ungarn ihr verzehrendes Liebeswerk übte und Martin Luther sich dem Teufel stellte und dem deutschen Wort. Nicht weit davon, in Hochheim bei Gotha, ist Meister Eckhart geboren worden, und von Eisenach und Weimar brauche ich nicht zu sprechen.« (Reinhold Schneider)

Die sorgfältig kommentierte Ausgabe wird durch Szenen aus Moritz von Schwinds 1855 auf der Wartburg ausgeführter ›Elisabethgalerie‹ begleitet.

insel taschenbuch 2118
Reinhold Schneider
Elisabeth von Thüringen

Reinhold Schneider

Elisabeth von Thüringen

Mit einem Geleitwort von Bernhard Vogel
Herausgegeben von Karl-Josef Kuschel,
Walter Schmitz und Carsten Peter Thiede
Mit Bildern von Moritz von Schwind

Insel Verlag

insel taschenbuch 2118
Erste Auflage 1997
Originalausgabe
© Insel Verlag Frankfurt am Main und Leipzig 1997
(für diese Ausgabe)
© Reinhold Schneider:
Reinhold Schneider-Gesellschaft, Paderborn
Bildrechte am Schluß des Bandes
Alle Rechte vorbehalten
Vertrieb durch den Suhrkamp Taschenbuch Verlag
Umschlag nach Entwürfen von Willy Fleckhaus
Satz: Hümmer GmbH, Waldbüttelbrunn
Druck: MZ-Verlagsdruckerei GmbH, Memmingen
Printed in Germany

1 2 3 4 5 6 – 02 01 00 99 98 97

Bernhard Vogel
Geleitwort

Eine gute Nachricht: Der Insel Verlag bringt Reinhold Schneiders *Elisabeth von Thüringen* heraus. Es ist erstaunlich: Zum ersten Mal, 39 Jahre nach Reinhold Schneiders Tod, erscheint dieser bedeutsame Essay in einer selbständigen Publikation. Bisher war er nur schwer zugänglich. Theodor Heuss hat ihn 1956 im ersten Band der von ihm herausgegebenen *Großen Deutschen* publiziert und C. Winterhalten 1961 noch einmal in dem von ihm besorgten Sammelband *Gelebtes Wort*.

36 Jahre später: Reinhold Schneider – Elisabeth – Thüringen, eines paßt zum anderen.

In Thüringen, in der Mitte Deutschlands, fand Reinhold Schneider in der Heiligen Elisabeth ein Vorbild für mutige Solidarität und christliche Nächstenliebe. Ein Vorbild für die Kraft des christlichen Geistes, der die Wirklichkeit verändert.

Als er 1956 als höchste Anerkennung seines Schaffens den Friedenspreis des Deutschen Buchhandels erhielt, hat er in seiner Dankesrede freimütig bekannt, warum er sich so intensiv mit Thüringen, dem Land der Heiligen Elisabeth, dem Land Martin Luthers, dem Land Johann Sebastian Bachs, dem Land Johann Wolfgang Goethes, beschäftigt hat: »Die zwei Strömungen geistiger, geschichtlicher Kräfte kreuzen sich in Deutschland; man könnte, wenn man es wagen wollte, einen geographischen Ort zu suchen, sagen: in der Gegend der Wartburg, wo die Heilige aus Ungarn ihr verzehrendes Liebeswerk übte und Martin Luther sich dem Teufel stellte und dem deutschen Wort. Nicht weit davon, in Hochheim bei Gotha, ist Meister Eckhart geboren worden, und von Eisenach und Weimar brauche ich nicht zu sprechen. Dieser immense Gehalt muß sich doch noch auf irgendeine Weise existentiell in der Geschichte vollziehen lassen.«

»Mit den zwei Strömungen« meinte er das Christentum und den Geist der Klassik. Und der »immense Gehalt« ließ sich in der Geschichte vollziehen. Reinhold Schneider hat dazu beigetragen, daß das geteilte Deutschland immer eine Kulturnation geblieben ist. Im Sinne einer durch lang andauernde äußere Lebensgemeinschaft gewachsenen, geschichtlich gewordenen Kultureinheit von Menschen mit dem Gefühl der Zusammengehörigkeit.

Zwar äußerlich durch Mauer und Stacheldraht getrennt, innerlich als Nation, als Kulturgemeinschaft, blieb Deutschland Ost mit Deutschland West stets untrennbar verbunden. Durch gemeinsame Geschichte, durch gemeinsame Kultur und durch gemeinsame Sprache.

Elisabeth, »die weltgeschichtliche Gestalt« (Reinhold Schneider) – Reinhold Schneider, Denker abendländischer Geschichte und Schicksale – Thüringen, das Land, wo sich Christentum und Klassik kreuzen: Eines paßt zum anderen.

Reinhold Schneider

Elisabeth von Thüringen

1207 - 1231

Auf dem Marburger Schrein, der um die Mitte des 13. Jahrhunderts, etwa zwanzig Jahre nach Elisabeths Tod, ihre Gebeine aufnahm, ist ihr Leben in acht entscheidenden Szenen vergegenwärtigt: Landgraf Ludwig, ihr Gemahl, hält in betenden Händen das Kreuz und läßt sich vom Bischof von Hildesheim weihen; die Gatten, Ludwig als Pilger gekleidet, sehen einander in der Abschiedsstunde mit wissendem Todesernst in die Augen; die Witwe streift einem sich duckenden Armen ein Gewand über; sie empfängt von heimkehrenden Kreuzfahrern den Ring des toten Gatten und in einem Säckchen, das der erste Gepanzerte eben vom Sattel seines Pferdes nimmt, die Gebeine; sie beugt sich den herandrängenden Armen zu, gebend mit der Rechten, mit der Linken nehmend aus dem Vorrat der Dienerin; kniend läßt sie sich von einem Priester mit der Kutte des Dritten Ordens des Franziskus bekleiden, so wie sie die Bettler bekleidet hat; untergehend in der Welt der Armen kniet sie vor einem trinkenden Aussätzigen, umgeben von Bettlern, die ihre Becher halten; ganz in Sorge und Liebe verwandelt, speist sie mit dem Löffel einen blinden Greis, umschart von emsig essenden Bettlern.

Es ist nichts gesagt von der Geburt der Königstochter in Ungarn (1207), nichts vom Tode in dem von ihr gegründeten Siechenhaus in Marburg (1231), aber Gültigeres kann nicht gesagt werden von der Überfülle der Liebe, des Leidens, der Freude, die in dieses jugendliche Leben gefaßt ist und aus ihm noch immer in die Welt strömt. Elisabeth war Fürstin und Heilige, gesegnet und beschwert mit Herrschaften und verzehrt von dem Wunsche, Schwester der Ausgestoßenen, der vom Elend Zerstörten, der Unerträglichen zu sein; sie war so sehr Mutter aller – und immer der Erniedrigten –, daß sie Mutter ihrer Kinder nicht mehr sein konnte; in solchem Grade Braut Christi, daß sie es bereute, Gattin des geliebten Gatten geworden zu sein; zwei Schwerter kreuzten sich in ihrem Herzen, aber sie strahlte vor Freude und weinte vor Glückseligkeit. Gaudens in tribulatione: das ist das immer wiederkehrende Zeugnis; ihre unzerstörbare Heiterkeit war nur der Unerschöpflichkeit ihrer Tränen zu vergleichen (lacrimas infinitas); sie ist – das muß zu Anfang gesagt werden – eine in gewisser Hinsicht befremdende, bestürzende Existenz. Ihr Leben läßt sich so wenig ins Idyll verkehren wie das des Franziskus. Sie steht nicht allein in der Landes-, sondern in der Weltgeschichte, und zwar an bedeutender Stelle; und sie steht in der Heilsgeschichte. Die beiden Bereiche sind in ihrem Leben nicht voneinander zu scheiden; die Wirkungen fluten aus dem einen in den andern hinüber und wieder zurück. Das Weltliche, das Geschichtliche in ernstestem Sinne ruft die Heiligkeit hervor, und die Heiligkeit erweist sich als eine die Geschichte tragende Kraft. Eine Heilige wird für den Gläubigen unermeßlich mehr bedeuten als für den, der seinen Glauben nicht teilt und teilen kann; aber auch diesen, der die paradoxen Voraussetzungen der christlichen Existenz nicht annimmt, müßte Elisabeth bewegen. Was die Frau in der Geschichte vermag – und was sie nicht vermag; was ihre wirkliche Berufung ist als geschichtliche Person, und in welchem Maße Gang und Bestand der Geschichte auf sie angewiesen sind: das leuchtet in ihr auf. Sie hat nie aufgehört, geschichtliche Person zu sein, auch heute nicht; sie ist noch immer in der Macht, unaufhebbare Gegensätze wenn auch nicht zu versöhnen, doch zu heilen; mit ihr beugt sich das Hohe in die Niedrigkeit; mit ihr steigt das Niedrige empor. Wohl kann und muß zu einer jeden Stunde von einer Wende der Zeit, des Lebensgefühls gesprochen werden; aber in der Spanne, die Elisabeth zugemessen war, sind zwei Machtformen, Papsttum und Kaisertum, zu einem Streite angetreten, dessen Wiederholung keinen Sinn mehr hat; und in diesem Streite ist eine Frömmigkeit, ein Verhältnis zur Natur, zum Kosmos, zum Mitmenschen aufgestiegen, die nicht mehr entbehrt werden können. Vielleicht darf diese Behauptung gewagt werden, wenigstens hinsichtlich der Reinheit und Folgerichtigkeit: in Elisabeth ist die erste gotische Gestalt erschienen – so wie die zu ihren Ehren errichtete Kirche in Marburg die erste gotische Kirche Deutschlands ist. Wir dürfen die Blüten der Legende, die sie umrankt, nicht knicken; sie sind zu innig um sie geschlungen; wohl aber müssen wir sie ein wenig zur Seite biegen, um die Schmerzen zu ahnen, die Elisabeth verschwieg. Nicht die Wunder sind das Wesentliche, sondern die Liebe und der Glaube und die weltgeschichtliche Sendung. Und nur, wenn die Legende, in der Bewunderung der Heldin, verleugnet oder Unrecht tut – wie etwa an den Verwandten des Landgrafen Ludwig –, müssen wir ihr widersprechen.

Ankunft Elisabeths auf der Wartburg

Landgraf Hermann von Thüringen (1190-1217), der bedeutendste Fürst seines Hauses, hatte durch eine Gesandtschaft den König Andreas von Ungarn um die vierjährige Braut seines Sohnes gebeten; die künftigen Gatten sollten gemeinsam erzogen werden. Der vom Hofe zu Preßburg heimkehrende, reich mit Geschenken beladene Zug der Reiter und Wagen hielt in Eisenach vor dem alten Gasthof des Hellgref am Georgentor; hier soll einmal der sternkundige Sänger und Magier Klingsor beherbergt worden sein – etwas von diesem Zauberklang schwebt um Elisabeth. Das Kind kam aus einer düsteren Welt. Es war die Gabe eben des Fürstenstammes, der einst die Ungarnheere gegen das Reich geworfen hatte; als der Ansturm gebrochen war (bei Riade und Augsburg), zwangen die bekehrten Großherren und Könige im Bunde mit deutscher Macht den Magyaren das Christentum auf; die alte Wildheit rebellierte gegen den Glauben wie gegen die Fremden. Das Fürstenhaus Arpads zerfleischte sich; die Vasallen beruhigten sich nicht. Elisabeths Vater, Andreas, drängte den unmündigen Sohn seines Bruders vom Thron; vom Adel wurde er zu Zugeständnissen gezwungen ähnlich denen, die um dieselbe Zeit Johann von England seinen Großen gewähren mußte; die Vasallen ließen sich ein Recht auf bewaffneten Widerstand verbriefen; zwei Jahre, nachdem Andreas sein Kind nach Deutschland gegeben hatte, sollte die Mutter in einem Aufruhr erschlagen werden. Sie war aus dem reichen, vielverzweigten Hause der Grafen von Andechs, die sich Herzöge von Meran und Markgrafen von Istrien nannten und auch über Tirol geboten; eine ihrer Schwestern, Hedwig, war Gemahlin des Herzogs von Schlesien, eine andere, an der Seite Philipp Augusts, Königin von Frankreich; ihr Bruder Egbert Bischof von Bamberg.

Landgräfin Sophie, Hermanns Gemahlin, empfing das Kind im Gasthof. Es war ein Mädchen von zartem, schlankem Wuchs, bräunlicher Haut, schwarzen Haaren, mächtigen Augen. Als die Ritter am andern Morgen das Kind – wie es heißt in einem goldenen Bettchen – den steilen Berg hinauftrugen, gelangte Elisabeth in ein von bedeutenden Aufgaben und Zielen erfülltes, von mächtigen Geisteskräften durchwogtes Haus. Wir müssen uns dieses Geschichtsraums bewußt bleiben, wenn wir Elisabeths Wesen und Sendung verstehen wollen; sie lebte nicht in einer Altarnische, sondern steht zwischen unaufhaltsam um die Gestalt irdischer Ordnung ringenden Mächten; und wenn sie auf den Altar erhoben wurde, so nur, weil sie den Streit der Zeit bestanden hat.

Die Landgrafen hatten, im wesentlichen im Bund mit den Hohenstaufen, mit denen sie verschwägert waren – Hermanns Vater hatte eine Staufin zur Frau –, in Streiten, durch Heiraten und Erbfolgen eine bedeutende zentrale Macht aufgebaut. Hermann gebot über Thüringen und Hessen, das Osterland und die seinem Vater von Barbarossa verliehene sächsische Pfalz; von der Lahn bis weit über die Elbe gegen die Oder hin dehnten sich seine Herrschaften; Marburg war die westlichste; seit 1137 war die Wartburg die Mitte. Die Macht war nach Osten gerichtet; dorthin zielten die Pläne, die Dienste am Reich, die Familienbeziehungen; das Haus spürte den Auftrag, dem sich der Deutsche Orden und später die Fürsten der Mark unterwarfen. Hermann von Salza (1170-1239), der Großmeister, der das Kulmer Land erwarb und den Orden nach Preußen verpflanzte, kam aus Thüringen (von der Driburg bei Langensalza). Thüringen nahm die vom Westen herziehenden Siedler in der Goldenen Aue, bei Naumburg und Erfurt auf oder sah sie in den sich erschließenden Osten ziehen. Ludwig IV., Elisabeths künftiger Gatte, wahrscheinlich zu Großem berufen, sollte ganz unter dieser Konzeption stehen. Man hat die Kinder, wie der Chronist weiß, sogleich nach Elisabeths Ankunft in Gegenwart der vornehmsten Bürger Eisenachs und ihrer Frauen, feierlich vermählt, die Vierjährige und den Elfjährigen: den »Knaben Bräutigam und das Kindchen«, und in dasselbe Bett gelegt: *Dae legten sie die Kinder bey.*

Wohl ließen sich unter den Fürstengeschlechtern, gerade unter den Grenzwächtern des Ostens, mehrere solcher Verbindungen nachweisen; es war ein tiefer Gedanke, künftige Gatten als Geschwister zu erziehen, die Schwierigkeiten und Krisen der Verpflanzung aus Landschaft, Geschichtsraum und oft der Sprache der Eheschließung vorausgehen zu lassen, statt diese damit zu belasten; die Hemmnisse weit getrennter Herkünfte im Spiel zu überwinden. Und es ist zum mindesten eine anmutige Vermutung Josef Nadlers, daß Wolfram von Eschenbach als Gast auf der Wartburg die einander geweihten Kinder gesehen habe und daß sie ihm vorschwebten, als er in seinem Spätwerk *Titurel* »Zartheit und unbefangene Leidenschaft zwischen Sigune und Schionatulander« schilderte:

Wer solche Minne hat, daß er
Durch Minne gefährde
So lieben Freund wie du mir bist,
Mir der liebste Freund auf der Erde,
Solch gefährlich Ding ist mir nicht Minne.
Gott weiß wohl, ich wußte
Nie von der Minne Verluste noch Gewinne.

Minne, ist das ein Er?
Kannst du Minne beschreiben?
Ist es ein Sie? Und kommt mir

Minne, wo soll ich mit ihr bleiben?
Soll ich sie verwahren bei der Docken?
Fliegt sie uns auf die Hand?
Oder ist sie wild? Ich kann ihr wohl locken?

Das sechste und siebte Buch des *Parzival*, des abgründigen Gedichts von nicht gewollter Schuld, von Abfall, Verlorenheit und Erlösung, von unzerstörbarem Rittertum, soll auf der Wartburg entstanden sein. »Weh was ist Gott?«, dieser Aufschrei Wolframs und seines Helden ist der Aufschrei der Kaiser und vielleicht auch der Päpste, der Ketzer in der Lombardei und in der Provence, in Friesland und Holland und am Rhein, der westfälischen Herren unter der Folter, der Armen von Lyon; es ist der Schrei aus den Scheiterhaufen, die im Elsaß aufflammten und das dumpfe Echo auf das Media vita, das die Kleriker auf einem Hügel bei Altenesch im Oldenburgischen sangen, als die Stedinger Bauern hingemordet wurden. Und wenn eine Antwort erkennbar, vernehmbar ist, so ist es die der Heiligen – nicht ihr gesprochenes Wort, aber das Wort ihres Lebens; des Franziskus vor allem, der im Jahre der Geburt Elisabeths seine Kleider von sich warf und der heiligen Armut sich vermählte.

Wie andere Sänger, wie Veldeke, der das Erbe Roms der Ritterwelt gewann, und der unheimliche Klingsor, herbergte Walther von der Vogelweide auf

der Wartburg; Gast überall, Gast auch als Kronen-
wächter in den einstürzenden Sälen der Kaiserpaläste, Gast, der immer seinen Wirten sich fügen,
immer wieder auf die Straße muß, endlich enttäuscht von der glühend geliebten Frau Welt. Etwas
von der großen Enttäuschung, deren Sprecher er am
Ende wurde, breitet sich über das Leben Elisabeths;
aber sie klagt nicht wie Walther um den verflogenen
Traum, dem das Wasser nachrauscht wie eh; sie
strahlt von der unbesiegbaren Freude von Portiuncula, wo auch die Schmerzen sangen wie die Vögel
des Himmels: die Vöglein, aviculae, von großer Be-
deutung in ihrem Leben, deren Gesang, Jahrhunderte oder ein Jahrtausend ungehört, nun endlich
die Menschen rührt, den liebesseligen Dichter in
Deutschland, den »Herold des großen Königs« in
Umbrien, den Toren Parzival, der über den gemorde-
ten Vögeln erschrickt.

Warum sollten wir Landgraf Hermann, der, nach
Josef Nadler, dem fränkischen Epiker die Vorlage für
sein zweites Gedicht, den *Willehalm*, verschaffte,
idealisieren? Das Königskind, das er gerufen, stand
gegen den bald von diesem erregten Unwillen unter
seinem Schutz. Aber in der Reichstragödie jener
Jahre unterwarf er sich jeder Phase der Macht. Beim
Anstieg zu dem die Welt überschattenden Gipfel
war Kaiser Heinrich VI. jäh gestorben (1197); Papst
Innozenz III. war am Zuge; er schob, des Streites zwi-

schen Staufern und Welfen sich bedienend, Könige vor und verwarf sie, erfüllt vom Glauben an ein phantastisches Recht, als sei er wirklich Herr der ihn immerfort täuschenden und wieder gegen ihn aufbrandenden Welt. Hermann stand erst auf seiten des Welfen Otto, in der Hoffnung, die Städte Saalfeld und Nordhausen zu gewinnen, ging dann zu dem Staufer Philipp über, der ihm noch mehr Städte verhieß; als der Papst auf den Welfen setzte, tat es der Landgraf auch; er scheute sich nicht, zur Unterstützung Ottos die Entsetzen verbreitenden Böhmen ins Land zu rufen, unterwarf sich dann, notgedrungen, wieder dem Staufer. Als dieser in Bamberg ermordet wurde, erkannte der Landgraf den Welfen an, den der Papst als Otto IV. krönen mußte. Innozenz wurde, wie es nicht anders kommen konnte, wieder enttäuscht und schickte den Staufer Friedrich, Sohn Heinrichs VI., gegen Otto auf den Plan. In ohnmächtiger Wut berannte Otto, belastet mit dem Bann, die thüringische Stadt Weißensee; 1212, als Friedrich heranrückte, fiel seine Gefolgschaft ab, auch der Landgraf; wenige Jahre darauf ist er, der sich nun wieder mißtrauisch und ohne Vertrauen zu finden und zu verdienen, den Staufern bequemte, wie gesagt wird, gestörten Geistes gestorben, nachdem er fast dreißig Jahre versucht hatte, ein von den Stürmen umhergeworfenes Schiff zu meistern. In einer Nacht, kurz vor seinem Tode, soll er gesehen haben, wie die auf dem Markt in Eisenach ausgestellten Hingerichteten sich in Jungfrauen verwandelten. So ward er abgerufen. Es ist nicht wichtig, die krassen Schwenkungen seiner Politik zu verfolgen. Aber das sind die Jahre, in denen Elisabeth aufwuchs. Und wenn ein Haus von dem Vorgang jener Jahre erschüttert wurde, so ist es die Wartburg. Dies aber ist der große Vorgang: daß ein Bild der Ordnung, eine Vorstellung vom Ziel der Geschichte sich als unerreichbar erwies, das Reich Karls und Ottos; die Verschmelzung geistlicher und weltlicher Gewalt, die Vorerscheinung des Gottesreiches auf Erden, in der Geschichte, Bändigung und Zusammenfassung weltlicher Kräfte im Angesicht Jesu Christi und des von ihm belehnten Priesters und Königs. Über diesem Untergang erhebt sich die Herrschaft Kaiser Friedrichs II., ein strahlender Epilog; der letzte Staufer kann mit keinem seiner Vorgänger verglichen werden; er ist ein Mensch völlig neuer Art; und vielleicht sollte sich niemand vermessen zu sagen, was Friedrich glaubte und was er nicht glaubte; er steht in einer sehr tiefen, in einer metaphysischen Beziehung zu Elisabeth. Er ist in gewissem Sinne ihr Kaiser, wie sie seine Heilige ist. Und wie Philipp II. von Spanien am Abend seines großen Tuns und Scheiterns den Glanz seiner Herrschaft darin sah, daß Heilige unter ihm lebten, so könnte vielleicht auch Friedrich, in dcm kaum faßbare Gegensätze sich bekämpften und zusammenschlossen, von einer solchen Empfindung bewegt worden sein, wie noch angedeutet werden soll. Wir stehen hier vor Geheimnissen, die nur unter seltenster Konstellation vorüberwandelten. Wir sehen nur ihren Schatten, und auch dann nur, wenn wir bereit sind, eine streng religiöse Auffassung der Geschichte anzuerkennen.

Und doch ist mit all dem noch nichts gesagt von der Wirklichkeit. Wollten wir die Chroniken aufschlagen, so würden sie berichten von Brand, Mord, Gewalttat, Hunger, von der unsäglichen Angst des Volkes vor den staufischen, welfischen Scharen, den wilden Böhmen, vor dem Landgrafen und seinen Vasallen; vom Grauen in belagerten Städten, vom Elend verlassener Burgfrauen, von der gänzlichen Ratlosigkeit der Armen, über die Geschichte hin- und zurückwogt. Und was sagen die Chroniken nicht! Wir können uns doch nicht anmaßen zu beschreiben, was wirklich geschehen ist: in den Seelen. Was hat das Kind Elisabeth empfunden, als ihm berichtet ward, daß seine Mutter erschlagen wurde? Was über all den Brand und Rauch, der sich unter den landgräflichen Burgen dahinwälzte? Was über den Anblick gepeinigten, überforderten Volkes? Was vor dem gebrochenen Fürsten, ihrem Beschützer? Ob sie nicht ahnte, daß dieser Welt, der Welt der Geschichte, aus ihren eigenen Kräften nicht zu helfen ist? Daß etwas ganz anderes versucht werden muß: nämlich die Gegensätze durch die Gegensätze zu heilen? Necesse esse taliter contraria contrariis curare, wie sie später sagte? Wohl hat sie den Fürstenmantel nach dem Tode Ludwigs abgelegt, aber niemals ihr Fürstentum; das heißt, sie lebte und litt für das Ganze, für das Volk, für das Weltgeschick, für das Reich.

Am Kinde fiel ein gewisser Ernst auf, ein Zug zu Gott, zur Kirche, aber auch ein gewisser Anspruch, die Gefährtinnen und bald selbst die Erwachsenen zu führen, zu ermahnen. Sie lenkte die Spiele im Burghof zur Kapelle, um sie unversehens zum Gebete zu betreten; war das Gotteshaus verschlossen, so küßte das Kind die Tür, die Mauer. Sie ging zu den Gräbern, kniete nieder, sprach vom Tod. Oder sie stand mitten im Tanze still, um dem Herrn den nächsten Reigen zu opfern. Armen Mädchen schenkte sie Geld mit der Bitte, das Vaterunser, das Ave zu beten. Die feierliche Messe der deutschen Herren in der Liebfrauenkirche unten in der Stadt mag ihr wie die Herabkunft des Himmels erschienen sein. Zu Johannes, dem Evangelisten, faßte sie eine »*sonderliche vruntschaft*«, die sie durch ihr Leben bewahrte.

> In des lieben Sant Johans ere,
> Got der erhörte sie beide schire.

Früh litt sie unter ihrem Schmuck, den Borten, Bändern, reichen Besätzen. Da der Dornengekrönte ihr überall gegenwärtig war, so konnte sie den Gedanken nicht ertragen, daß sie sich mit einer Krone schmücken sollte.

Nach dem Tode des Landgrafen, während Sophie die Regentschaft für den noch unmündigen Ludwig führte, sprach sich der Unwille der Hofleute, wohl auch der Schwester Ludwigs, offen aus. Elisabeth war zu schüchtern, einsiedlerisch. War es nicht eine Herabwürdigung des fürstlichen Standes, seiner unerläßlichen Zeichen, daß sie sich in der Kirche vor aller Augen auf die Erde warf, gleich den alten Nonnen, die, wie der Chronist drastisch sagt, so faul sind, daß sie auf die Erde fallen wie ein müder Gaul? Mußten die Leute nicht lachen? Sie wollen eine junge Fürstin sehen, ein Königskind. Und gerade die Armen haben ein Bedürfnis nach dem Anblick solchen Glanzes. Die Landgräfin solle Elisabeth zurückschicken zu ihrem Vater, der ohnehin das Heiratsgut nicht ganz bezahlt habe – oder sie in ein Kloster stecken und eine bessere Braut für Ludwig suchen. Sie wollten eine Herrin, nicht eine Nonne. Heimweh nach Ungarn soll sie unter solchen Reden ergriffen haben. *Di juncfrouwe erkande… / Daz si ein Pilgerine / In dirre unsteden werlde was.*

Während ihres ganzen Lebens hat Elisabeth Ärgernis erregt und darunter gelitten. Sie ist ein Ärgernis geblieben; es muß, mit Bezug auf noch zu Berichtende hinzugefügt werden, ein kaum tragbares. Innerhalb der weltlichen Ordnung wird das immer als Unrecht erscheinen, daß ein zu hohem Amt Erlesener und Befähigter entsagt und damit das

Amt einem vielleicht nicht Berufenen und nicht Befähigten ausliefert. Auch kann niemand die innere Notwendigkeit prüfen oder beurteilen, die einen Menschen dazu treibt. Die Fragwürdigkeit bleibt bestehen. Sie wird in einem gewissen Grade vielleicht dadurch gemildert, daß der Verzichtende sie immer wieder spüren muß, daß er gekreuzigt wird zwischen der ergriffenen Berufung und dem Gesetz der Welt und Geschichte. Nur entschiedener Glaube kann zugeben, daß Entsagungen solcher Art einen Sinn haben und daß dieser wieder in das Geschichtliche wirkt; daß der Verzichtende, indem er aus einem Zusammenhange tritt, in einen höheren eingeht und nun, im Sinne der Stellvertretung, wieder da ist für alle: als Zeichen und Beispiel der Liebe, an der immer Mangel ist, als todesernstes Memento an die Mächtigen, die den Ernst des Amtes nicht tragen, als betendes Opfer und opferndes Gebet, als Sühne für verschuldete Völker und Regenten. Elisabeth, von ihrem eigenen Orte aus verstanden – und wie sollten wir sie denn sonst verstehen? –, ist ein einziges Flehen um Gnade für eine von Kämpfen aufgewühlte, in ihrer höchsten Hoffnung, der Reichshoffnung, mehr und mehr enttäuschten Welt; das erschütternde Bemühen einer starken und doch wie verletzlichen, wie rasch sich verzehrenden Kraft, Freude zu bringen in die Finsternis, Liebe in die Kälte; zu erweisen, daß die Ausgestoßenen und Gefangenen zu uns gehören. Daß die Liebe um der Liebe willen verleugnen, kränken, enttäuschen muß: das gehört zur Tragik dieses Lebens; aber diese Tragik ist – das ist das Einzigartige – gleichsam schwerelos. Auch in zerbrechenden Schmerzen lächeln die Frauen des Straßburger Münsters; es ist keine Klage ohne Anmut, kein Opfer ohne Fröhlichkeit. In maxima hilaritate animi, wie ihre Begleiterin Ysentrude immer wieder betonte. Was ist der Frau Höheres erreichbar oder aufgetragen, als im Waffenlärm der Friedlosen, unter den Katastrophen der Macht und ihrer Verwaltung, im erbarmungslosen Streit der Geister, der Ideen dieses Dasein zu vollbringen?

Und doch: als Frau! Sie wurde als Vierzehnjährige ihrem Herrn Bruder feierlich vermählt (1221). Im folgenden Jahr gebar sie den Erben, dem noch drei Töchter, die letzte nach Ludwigs frühem Tode, folgen sollten. Auch als Eltern ihrer Kinder nannten sie einander »Lieber Bruder« und »Liebe Schwester«. Der Chronist rühmt Ludwigs Treue, seine Unversuchbarkeit auf seinen Reisen, die kleinen Geschenke, die er mitbrachte: einen Rosenkranz, Korallen, Ketten, Handschuhe, Beutel, Schmucknadeln, Edelsteine – Elisabeth wird sie angesteckt haben, nie ohne den Blick des Dornengekrönten zu fühlen, nie ohne den Stich im Herzen; er rühmt die Wiedersehensfreude der Gatten. Ludwig, 1218 zum Ritter geschlagen, war ein kriegerischer Fürst; rasch in Händel verstrickt, zog er in Handelsinteressen gegen den Herzog von Polen, den Bischof von Würzburg. Kam er zurück, so legte Elisabeth die dürftigen Kleider ab, die sie liebte, und die festlichen an, die er erwartete. Ihr Leben hatte sich längst geteilt; sie führte ein anderes, wenn er ferne war, als in seiner Gegenwart. Einmal, während der Messe in der Georgskirche in Eisenach, versank sie im Anschauen der ritterlichen Gestalt ihres Gatten, seiner Schönheit und Liebenswürdigkeit; erst das Zeichen zur Wandlung erweckte sie. Und sie sah statt der Hostie

Das Rosenwunder

den bluttriefenden Gekreuzigten in den Händen des Priesters, warf sich vor dem Altar aufs Antlitz und bat leidenschaftlich weinend um Verzeihung. So lag sie noch, während der Landgraf sie längst mit seinen Gästen an der Tafel erwartete; er kam endlich, befragte sie nach ihrem Ausbleiben, suchte sie zu trösten und ging allein zu den Gästen zurück, um sie zu entschuldigen.

Das ist das Drama ihrer Ehe, durchlitten von beiden, auf ergreifende Weise bestanden von Ludwigs jugendlichem Ernst, seiner Achtung vor einem Geheimnis, dem Glauben an die Erwähltheit seiner Frau. Elisabeth stand zwischen dem himmlischen und dem irdischen Bräutigam; sie konnte diesen nicht lassen und die Liebe zu jenem sich nicht aus dem Herzen reißen. In ihren Ohren, in ihrem Gemüt lag das furchtbare Wort: Folge mir nach! Wie sollte sie es verstehen? Und wenn sie nun folgte, wo war die Grenze? Wo führt dieses Wort hin? In welche Schmerzen, in welches Heiligtum, in welche Freiheit? Sie ließ sich, wenn Ludwig zu schlummern schien, aus dem Bett gleiten, seine Hand haltend und auf dem Teppich wachend und betend – aber schlief er wirklich? Stellte er sich nicht nur so, weil er ihre Absicht fühlte? Sie ließ sich wecken von ihren Frauen; er verzieh es, als er durch ein Versehen gestört wurde. Das Verlangen nach Buße peinigte sie mit solcher Gewalt, daß sie sich ins Nebengemach stahl, um sich geißeln zu lassen. Er schlummerte, als sie zurückkam. Schlummerte er wirklich? – Sie bereute, sich vermählt zu haben und nicht als Jungfrau sterben zu dürfen.

Das ist ein zerstörendes Leben. Echte Liebe, echtes Glück, verschmolzen mit einem brennenden Vorwurf, einer schmerzhaften, unerfüllbaren, aber auch unabdingbaren Forderung. Unabwendbar ging der Zwiespalt über in das mütterliche Empfinden. Sie liebte und warf sich die Liebe vor – um der höchsten Liebe willen. Wohl spätestens in den ersten Jahren der Ehe, vielleicht schon früher, hat sie ihre große, ihre weltgeschichtliche Entdeckung gemacht: das Reich der Armen. Die Erzählung vom Rosenwunder, die sich ursprünglich auf Elisabeths Kindheit bezog, hat Not und Gnade dieser Sendung in die Ehe übertragen; erschreckend ist der Bericht, daß sie während einer Abwesenheit des Landgrafen einen Aussätzigen gefunden habe, so abstoßend entstellten und zerstörten Aussehens, daß niemand sich seiner erbarmen wollte; sie badete und salbte ihn und legte ihn in das Bett, *Dae sy mit ihrem herren inne lag.*

Sie legt den Aussätzigen an die Stelle ihres Gatten. Alles, was von Elisabeths Armen- und Krankenpflege überliefert ist, auch das Abstoßend-Glaubwürdige, ist nur verständlich, wenn wir uns vergegenwärtigen, daß sie, streng nach dem Evangelium,

Die Heimatlosen beherbergen

in einem jeden Armen, Kranken, Gefangenen, Christus den Leibhaftigen gesehen hat. Sie ehrte also ihren Gatten, wie sie ihn gar nicht höher ehren konnte, wenn sie den Aussätzigen an seine Stelle legte, den himmlischen Bräutigam an den Platz des irdischen. Und so drang sie vor in dieses unheimliche Reich Gottes, zu den Gebärenden und Sterbenden, in die Hütten, vor deren Pestluft ihre Pelze, Schuhe, Kleider, Wäsche und Brot tragenden Frauen fast ohnmächtig hinsanken, so daß sie laut murrten. Als hätte Elisabeth diesen Ekel nicht gefühlt! Eben weil sie so furchtbar daran litt, ging sie mitten in das Widrige hinein, gleichsam um der Schlange, deren sie sich nicht erwehren konnte, den Kopf abzubeißen; darum küßte sie Wunden und Geschwüre, um endlich ganz stark zu werden, nichts mehr befürchten zu müssen, was aus dem grauenvollen Abgrunde irdischen Elends hervorkroch. Sie ließ einen Aussätzigen, dessen Kopf zerfressen war, in ihren Garten tragen, schnitt ihm die verklebten Haare ab, wusch ihn und bettete den armen Kopf in ihren Schoß. Sie baute den Alten und Kranken das erste Haus unter der Burg und besuchte sie täglich. Sie lud sich die verkrüppelten, verwahrlosten Kinder auf die Schultern; die am meisten vom Schmutz der Krankheit Erniedrigten liebte sie am meisten; Wesen, die des Menschlichen scheinbar völlig beraubt, an Holzpflöcken dahinkrochen oder, wie der Chronist sagt, auf der Erde lagen »wie ein Schwein«. Denn das Elend liegt um diese Zeit so offen, so verwahrlost mit schwärenden Wunden da wie zur Zeit Christi in Palästina; die Botschaft des Herrn und der von ihm Gesendeten ist Antwort an die Herausforderung des Aussatzes, der Besessenheit, an das entsetzliche Wüten zerstörender, fressender Kräfte in Fleisch und Geist, an das Verenden der Armen.

Aber Elisabeth gelangte vor ein Meer, das sie austrinken sollte. Sie mußte die entsetzliche Erfahrung gemacht haben, daß sie wohl helfen, aber nicht ändern konnte. So ließ sie sich die Kerker aufschließen, salbte die von Ketten aufgescheuerten Glieder der Gefangenen, warf sich neben ihnen nieder und betete – die Gefängnisse konnte sie nicht aufheben, die Ketten nicht lösen. Nur die in Schuldhaft Liegenden kaufte sie los, soweit sie es vermochte. Sie hatte verschwiegenes, verschüttetes Leid entdeckt, und nun strömte es von allen Seiten auf sie zu; so wie ja auch das Leiden der Tiere, je mehr wir es empfinden, um so mehr auf uns einstürmt. Alles Leid steigt, sobald es ein Gefälle zu einem Menschen spürt. Es rief sie Tag und Nacht, schleppte und quälte sich aus allen Winkeln und Fernen heran. Die Not rief ihre Helferin; sie war überall: eine ungeheuerliche Herausforderung – eine Gnadenfülle, die aufzufangen kein Gefäß genügte.

Das hatte wenige Jahre zuvor Franziskus erfahren,

als er am Siechenhaus unter Assisi vorüberritt; jetzt noch von Ekel geschüttelt und dann von der Liebe hingerissen in das Unerträgliche und die Hand mit den blutigen Händen der Aussätzigen in die Schüssel tauchend, tötend, was in ihm sterben mußte. Als seine ersten Boten nach Deutschland kamen (1219), nur Freude und Demut, fremd, wie vom Himmel gefallen und der Sprache nicht mächtig, wurden sie verlacht. Zwei Jahre später, 1221, kamen sie wieder und blieben in Augsburg, Magdeburg, Straßburg, Hildesheim. Was sie brachten, war das entscheidende Wort an die Zeit: das Leben ihres Stifters. Es ist das Jahr der Eheschließung Elisabeths. Sie muß unter den ersten gewesen sein, die von der franziskanischen Botschaft ergriffen wurden; religiös-geschichtliche Entscheidungen entfalten und verbreiten sich in unsichtbaren Zusammenhängen; so ward Elisabeth für Franziskus bereit, eine franziskanische Seele, ehe sie von ihm hörte.

Die Kranken pflegen

Die Gefangenen trösten

Franziskus hat nichts weiter gewollt, als das Wort des Evangeliums leben als Ärmster unter den Armen und in der Kirche. Neu war die Intensität, die todesmutige Folgerichtigkeit, die unermeßliche Freude über das entdeckte Wort und das von ihr ausstrahlende Weltgefühl. Eben damit verstand er die Zeit, ihre tiefste Sehnsucht, so wie sie ihn verstand. Nach schweren Anfängen (1219) festigten sich seine Jünger in Paris, bald bauten sie Hütten nach dem Muster von Portiuncula in Oxford und Cambridge; sie sangen, beteten, studierten in Nebel und Schnee. Petrus Waldes (gest. 1217), der reiche Kaufmann, der alles verkaufte und den Armen gab, war ihnen mit anderen vorausgeeilt, aber in eigenmächtiger Verkündung dem Banne verfallen. Seit langem vermochte die Kirche die drängenden, suchenden religiösen Kräfte nicht mehr alle zu fassen; das Wort wurde frei in provençalischer, in deutscher Sprache; die Frommen versenkten sich in die Schrift, erkennend und irrend. Eine uralte, von östlichen Überlieferungen gespeiste Lehre, die Geist und Leib streng voneinander schied und damit die Menschwerdung und den Kreuzestod Gottes leugnete, durchsickerte den Balkan, die Lombardei, Südfrankreich, Spanien, Deutschland und Holland, Sekten und Kulte verschiedenster Spielarten bildend. »Sie haben verschiedene Gesichter«, sagte Papst Gregor IX., »aber mit den Schwänzen hängen sie alle zusammen.«

Päpste und Konzilien sprechen von ihnen mit wachsender Besorgnis. »Eine Stimme wurde zu Rom gehört, des Klagens und Weinens viel« (Gregor IX.). Daß die Sektierer die Kontinuität der christlichen Überlieferung, ja der europäischen Geschichte ernstlich bedrohten, ist keine Frage; daß die Kirche sie bekämpfen mußte, ebenso gewiß, wie daß die inquisitorischen Mittel, die sie unter dem nachdrücklichen Schutze deutscher Kaiser, Barbarossas, Ottos IV., Friedrichs II., und unter Anlehnung an spätrömische Gesetze anwandte, verwerflich und verderblich waren. Ohne ein echtes religiöses Verlangen ist Häresie nicht möglich. Die gültigen Verteidiger des Christentums waren nicht die Ketzergerichte, sondern Franziskus und Elisabeth. Aber nach aller Wahrscheinlichkeit haben auch sie die Inquisition, wenigstens als Institution, gebilligt; zum mindesten ist es undenkbar, daß sie ihr als solcher widersprochen hätten. Fehlte es ihr doch wahrlich nicht an biblischen Vorbildern des Alten und auch nicht ganz an stützenden Worten des Neuen Testaments: »Wo ist der Eifer des Moses«, grollte der Papst, »der an einem Tage dreiundzwanzigtausend Götzendiener erschlug? ... Wo ist der Eifer des Elias, der vierhundertfünfzig Propheten am Bache Kison mit dem Schwerte schlachtete?« Und wir können auch das

Wort des von Christus geschilderten strengen Edlen nicht auslöschen: »Diese meine Feinde aber, die mich nicht zu ihrem Könige haben wollten, bringt hierher und macht sie vor meinen Augen nieder« (Lukas 19,27). Noch aus den Flammen rief in Trier eine Teufelsanbeterin, die mit zwei anderen verbrannt wurde: »Dem Satan ist Unrecht geschehen, als Gott ihn in die Unterwelt verstieß.« Unter allen Übertreibungen, Entstellungen, verbrecherischen Verleumdungen ist echter Teufelsdienst geschehen. Aber die Dämonie wütete auf beiden Seiten, und in den Verfolgern vielleicht auf noch unheimlichere Weise als in den Verfolgten.

Wir streifen hier einen dunklen Bereich und müssen versuchen, ihn für einen Augenblick zu betreten. Ausweichen können wir ihm nicht, wenn wir die geschichtliche und religiöse Stellung und Haltung Elisabeths erkennen wollen. Etwa um 1226 ist Magister Konrad von Marburg, der vom Papst bestellte Visitator der Klöster in Deutschland, auf die Wartburg gekommen. Die Forscher sind sich nicht darüber einig, ob er Ordensmann oder Weltpriester war; das letzte ist wahrscheinlich. Elisabeth wählte ihn zum Seelenführer; im Einverständnis mit Ludwig gelobte sie ihm Gehorsam, insoweit der ihrem Gatten schuldige Gehorsam dadurch nicht verletzt würde. Innozenz III. hatte ihn (1215) zum Kreuzprediger in Deutschland erwählt; später stattete ihn Gregor IX. zur Überwachung der Ketzer mit außerordentlichen Vollmachten aus. Er ist eine viel umstrittene Gestalt: insofern nach Ansicht eines evangelischen Kirchenhistorikers (Hausrath) ein Glücksfall, als er die Methoden der Inquisition gleich zu Anfang in solchem Maße übte und verhaßt machte, daß sie nach seiner Ermordung in Deutschland unmöglich wurden.

Konrads Armut, seine Askese waren echt und überzeugend. Auf einem kleinen Maultier ritt er am Rhein hinab nach Hessen und Thüringen, erst zur

Kreuzfahrt nach Jerusalem aufrufend, dann zum Kreuzzug gegen die Ketzer in Deutschland; er war redegewaltig, von Entsagung verzehrt; das Volk wälzte sich hinter ihm her. Mit Gesängen, Kerzen, Fahnen wurde er empfangen. »In diesem Jahr verbrannte der frater Conradus Ketzer«, melden die Thüringischen Annalen vom Jahre 1216. Er war überzeugt, daß große westfälische Herren einen Frosch vom Umfang eines Backofens anbeteten und küßten. Da er den Dämon in sich trug, ohne seiner inne zu sein, dämonisierte er seine Umwelt. Landgraf Ludwig beauftragte ihn, Würde und Lebensführung der Geistlichen in seinen Herrschaften zu prüfen, in welchem Amt er vom Papst ausdrücklich bestätigt wurde. Zum Landgrafen sagte der Visitator: Es sei eine minder schwere Sünde, sechzig Menschen mit eigener Hand zu töten, als eine Pfarre einem untauglichen Priester zu überlassen. Nach diesem Grundsatz handelte, lebte er; das Leben war von ganz geringem Wert gegenüber dem kirchlichen Auftrag, dem Gottesdienst. So wurde er für Elisabeth zur Geißel, unter deren Schlägen sie sich heiligte.

Neben vielen Heiligen stehen Schatten dieser Art – neben Johannes vom Kreuz, Theresia von Lisieux und Karin von Schweden, aber wohl selten von gleicher Furchtbarkeit. Nach seinen eigenen Worten wollte er Elisabeths Willen brechen; sie selbst hat vielleicht das Verlangen gefühlt, daß dieser starke Wille gebrochen werde.

Ohne Zweifel war Konrad darin im Recht, daß er Gehorsam verlangte, nachdem er gelobt worden war. Aber oft gehorchte die Fürstin nicht. Als er sie zum Anhören seiner Predigt befohlen hatte und sie nicht gekommen war, weil der Besuch der Markgräfin von Meißen sie abhielt, erlangte sie erst am folgenden Tage zu seinen Füßen Verzeihung; die Hoffräulein, denen er die Schuld am Ungehorsam der Herrin gab, mußten sich, bis aufs Hemd entblößt, seinen Schlägen aussetzen – eine Strafe, der die Fürstin zu unterwerfen sich der Magister bald nicht scheuen sollte. Gewiß: wie sehr die Frau in der Ritterzeit gepriesen wurde, so viel Roheit mußte sie doch erfahren; denken wir nur an die grobe Mißhandlung, die im dritten Buch des *Parzival*, am offenen Königshof, die stolze Kunneware vom Seneschall erdulden muß, weil sie Parzival zugelächelt hat. Aber was Konrad angeht, so ist doch wohl kein Zweifel, daß er mit sich selbst so wenig zurecht kam wie mit seinem Dämon; daß er ein innerlich mißgeformter Mensch gewesen ist. Anerkannt muß werden, daß seine Verbote oft sinnvoll waren und Mäßigung eines sich verzehrenden Eifers anstrebten; daß in Sachen der Geld- und Güterverwaltung sein Rat oft klug war. Gegen die zwölf Sätze, die er als Seelenführer für Elisabeth aufgezeichnet hat, läßt sich kaum etwas einwenden; sie könnten im Buche des Thomas a Kempis stehen und beweisen nur, wie wenig Konrad sich selber gekannt und geführt hat.

Vielleicht hatte er auch darin recht, daß er Elisabeth anhielt, darauf zu achten, ob die Tafel wirklich rechtens beschickt war; ob nicht etwa erzwungener Zins, Härte zur fürstlichen Lebenshaltung beitrugen. Aber er weckte ein allzu verletzliches Gewissen. Denn nun ging Elisabeth durch die Küche und forschte peinlich nach der Herkunft der Speisen und Getränke. »Heute dürfen wir nicht essen«, sagte sie dann zu ihren Frauen, oder: »Heute dürfen wir nicht trinken.« Es ist wieder bezeichnend, daß sie den Frauen dieselbe Askese gebot, die sie sich abforderte, wie sie auch, was ausdrücklich gesagt wird, mehr unter deren Entbehrung litt als der eigenen. An der Tafel, deren Gemeinschaft auf diese Weise gestört war, suchte sie über ihre Enthaltsamkeit wegzutäuschen, indem sie Speisereste oder Brot auf den Teller legte. Oder aber, sie fand in der Küche nur Erlaubtes vor und schlug die Hände zusammen, Kind, das sie war und blieb: »Heute dürfen wir essen und trinken!«

Und doch ist dies erst der Anfang ihres inneren Dramas: leidenschaftlich begehrte Selbstüberwindung und Entäußerung; das göttliche Gebot und der menschliche Wille sind auf Tod und Leben mitein-

Die Durstigen tränken

ander verschlungen. Auch Konrad konnte sie von diesem immerfort sterbenden und wieder auferstehenden Willen nicht befreien: gerade er konnte es nicht, konnte nichts anderes als die Schmerzhaftigkeit ihres Lebensdramas zwischen der Welt und der Wahrheit, menschlicher und himmlischer Liebe, Fürstentum und Armut steigern. Immer verletzte sie Liebe aus Liebe – nicht anders wie die Idealisten der Freiheit diese verletzen, um sie zu verwirklichen. Wie Franziskus nicht imstande, der Bitte der heiligen Armut, ja schon ihrer Erscheinung zu widerstehen, verschenkt sie immer wieder Mäntel, Kleider, Schmuck, noch auf dem Wege zur Tafel und erscheint dann vor Ludwig ohne seine Geschenke. Aber hatte sie nicht recht? Sollen wir nicht den Mantel geben, wenn uns der Rock genommen wird, nicht zwei Meilen gehen, wenn wir zu einer genötigt werden? (Matthäus 5,41.) Und um wieviel mehr Meilen weiter weisen die härtesten Sätze des Lukas-Evangeliums! Sollen wir nicht verkaufen, was wir haben, und es den Armen geben, Buße tun, wenn wir nicht verderben wollen; statt der Brüder, Verwandten und reichen Nachbarn die Armen, Schwachen, Lahmen und Blinden laden, wenn wir ein Gastmahl geben? Vielmehr: wer nicht Vater, Mutter, Weib, Kinder – das ist das Furchtbare, daß auch die Kinder nicht ausgenommen sind –, Brüder, Schwestern und die eigene Seele haßt, kann nicht Jünger sein – sowenig wie der, der nicht alles läßt. Wir sollen den Zinsgroschen dem Kaiser zurückgeben (reddite); er hat uns nie gehört. Und wieder: wer seine Seele retten will, wird sie verlieren, und wer sie verliert, wird das Leben gewinnen. Was heißt das, die Seele, ist es nicht der Wille, das Ich? Und wieder: der Reiche kann nicht eingehen; und wer seine Verwandten, seine Kinder läßt um des Reiches willen, wird es gewinnen. Wohl ist gesagt: Gott will Barmherzigkeit und nicht Opfer; wohl hat der Herr die Gleichnisse erzählt von der Drachme, dem verlorenen Sohn, dem guten Hirten, der die ganze Herde läßt um des Verirrten willen. Aber wenn nun jene richterlichen, fast vernichtenden Worte einem Menschen ins Herz fallen, einer Gattin, einer Mutter und gar einer Fürstin; was soll sie dann tun? Es ist, als ob unmöglich wäre, was der Herr geboten hat, als ob diese Unmöglichkeit Ereignis werden sollte in diesem Leben, die Unmöglichkeit christlichen Daseins. Und doch: bei Gott ist es möglich, daß auch der Reiche eingeht. Aber wie?

Die Nackten kleiden

Im Jahr, da Elisabeth sich vermählte (1221), entwarf Franz von Assisi die Statuten des Dritten Ordens; Männer und Frauen sollten, in der Welt bleibend, an ihrer Stelle das Gewand der Armut tragen, in gewissem Sinne geistlich sein dürfen, als »Brüder und Schwestern der Buße«, büßend für die Welt; sie sollten, eine verborgene Streitschar im Gebet und guten Werken, nicht schwören, das Schwert nicht tragen. Wie kann das ein Fürst? »Sie sollen arbeiten. Ich will, daß alle meine Brüder arbeiten..., um sich ehrbar den Lebensunterhalt zu erwerben. Die zu arbeiten verstehen, sollen arbeiten und ein Handwerk ausüben, das sie kennen; die keines verstehen, sollen arbeiten lernen, aber sie sollen bedacht sein, treu und andächtig zu arbeiten... Sie sollen auch darauf achten, zum Lohn nur das zum Lebensunterhalt Nötige zu nehmen, Geld jedoch ausgenommen, und das demütig.« Es ist also gar kein Unterschied, ob der Mensch scheinbar hohe oder geringe Dinge tut; Arbeit wird geheiligt durch die Gesinnung: alle Arbeit ist gleichen Wertes, ist gut. – Elisabeth versucht eine Kuh zu melken für eine Kranke, aber das störrische Tier fügt sich ihren Händen nicht. Auch zum Nähen ist sie nicht geschickt. Sie kann nur Wolle spinnen.

Von innen bereitet sich eine erbarmungslose Veränderung vor. Sie kann nicht bleiben, was sie ist vor der Welt. Da greifen die großen Geschicke ein, in die sie von Geburt und Art verwoben ist. Kaiser Friedrich II. strebte, nachdem er sein sizilisches Reich geordnet hatte, die Herrschaft über die oberitalienischen Städte wiederherzustellen, während der Papst schon zum Kreuzzug drängte; der Landgraf folgt dem Ruf des Kaisers zum Reichstag nach Cremona (1226), einem im übrigen am Widerstand der Lombarden, der Lässigkeit deutscher Fürsten, der militärischen Schwäche des Kaisers in Italien scheiternden Unternehmen. Während der Abwesenheit des Gatten gebietet Elisabeth auf der Burg. Sie besteht den furchtbaren Ansturm der Not eines Hungerjahres. Ihre Untertanen suchen sich von Kräutern zu nähren, »*von wurtzeln grob als die schwein*«, von Holzäpfeln, Schlehen, Pferd und Esel – sie essen alles, nur nicht Brot. Vielleicht ist das die Zeit großartigsten Wirkens: noch ist sie Fürstin, kann sie geben aus der Fülle; sie öffnet die Getreidespeicher, läßt Brot backen, opfert den Schatz; Verwandte, Beamte des Hauses werden ihr nicht ohne Sorge oder Erbitterung zugesehen haben. Sie errichtet Pflegehäuser in Eisenach, dient, trocknet die fiebernden Gesichter mit ihrem Schleier, überwindet aber- und abermals ihren Ekel. Mutter! Mutter! schreien die schmutzigen Kinder, die sich an ihre Kleider hängen. Ist sie auch Mutter des eigenen Blutes? Aber die kranken Kinder sind einsam. Sie kann ja nur an ihnen vorübergehen, nicht bei ihnen bleiben. So kauft sie Spielzeug in der Stadt, Puppengeschirr, gläserne Ringe; und da sie es hinaufträgt auf dem harten Wege, stürzt es ihr vom Felsen. Und wenn wir an keines der Wunder glauben wollten, die von ihr berichtet werden, dieses eine möchten wir glauben: daß kein Stücklein des Spielzeugs zerbrochen ist, das sie zum Trost der armen Kinder – in solatium – wieder aufgesammelt hat. Denn die Frau, die sich über das Spielzeug bückt unter dem starren Felsen: was kann sie schon bewirken? Und doch: was wären wir ohne ihr Bild?

Landgraf Ludwig tadelte ihre Verschwendung nicht, als er heimkehrte. Einmal, als sie nebeneinandersaßen, griff sie spielend in seine Tasche. Sie fand darin ein Kreuz. Er hatte den Kreuzzug gelobt. Das Leben war – gewiß nicht für alle, wohl aber für ihn – noch ein Ganzes: religiöse Sehnsucht und geschichtliche Aufgabe waren eins. Dem Kaiser drohte der Bann, wenn er die Kreuzfahrt länger verschieben würde. Der Friede des Reiches hing davon ab. Was immer gesagt werden muß gegen Kreuzfahrt und Kreuzfahrer: sie waren doch Zeichen und Träger eines über die Erde hin ausgreifenden Verlangens, nicht allein untertan der Geld-, Raub-, Abenteuersucht oder päpstlicher Politik oder Werkzeuge venezianischen Handels, sondern auch getrieben vom

*Abschied Elisabeths von
ihrem Gemahl*

Verlangen, sich zu opfern; sie waren stammelndes Gloria Dei der Zeit. Über Reinhardsbrunn, das Familienkloster des Geschlechts im Thüringerwald, wo Ludwigs Ahnen ruhten, begleitete ihn Elisabeth bis Schmalkalden; dann kam der Augenblick, den der Schrein vergegenwärtigt; sie sahen einander in die Augen, vor den ergriffenen Hofleuten, beide schon abgerufen von ihrem Gesetz. Das Volk wurde davon bewegt; vielleicht noch zu der Landgräfin Lebzeiten, gewiß aber bald nach ihrem Tod, sang es ein uns verlorenes Lied in »deutscher Weise«, wie eine Zeugin erzählt, vom Abschied Ludwigs von Elisabeth.

Während des ersten Aufenthaltes in Italien hatte der Kaiser dem Landgrafen die Anwartschaft auf die Mark Meißen sowie alles Land, das er in Preußen und Litauen erobern würde, übertragen. Das weist auf große Pläne, die ganz im Zuge der Politik Hermanns liegen und wohl auch auf Hochschätzung, auf Freundschaft gegründet waren. Ludwig und seine Nachfahren sollten diese das Geschlecht an den Osten bindenden Rechte nicht vollziehen können. Bald nachdem die Nachricht kam, daß der Landgraf auf dem Schiff vor Otranto am Fieber gestorben sei – es ist uns von ihm keine Klage über seinen frühen Tod überliefert; er war bereit –, wurde Elisabeth mit ihren Kindern und einem kleinen Geleit von ihrem Schloß vertrieben. Es ist in den ältesten Quellen nicht gesagt, von welchem Schloß und auch nicht genau, wer sie verjagte; nur von Vasallen ist die Rede; Magister Konrad erwähnt in seinem Brief an den Papst den ganzen Vorgang nicht; wahrscheinlich ist, daß Elisabeth dem Landgrafen Heinrich Raspe, Ludwigs jüngerem Bruder, den ihr Gatte bei der Ausfahrt mit der Regierung betraut hatte, die Wartburg überlassen hat, um ihren Witwensitz Marburg zu bewohnen, und daß sich dort ihre Vasallen gegen sie empörten. Es war schlimme Zeit; Papst Gregor IX. glaubte dem Kaiser nicht, wollte ihm nicht glauben, daß Krankheit ihn von der Ausfahrt abgehalten hatte und tat ihn in Bann; bald entband er die Untertanen der Gehorsamspflicht. Vielen Adligen war Elisabeth verhaßt, eine unerträgliche Mahnerin, lebendiger Vorwurf, fürstliche Schwester der Ausgestoßenen, eine Wahnwitzige. In Wahrheit wollte sie – ebensowenig im sozialen Sinne revolutionär wie Franziskus, aber die Arbeit wertend im evangelischen Sinne – büßend zwei Stände verbinden, Fürstentum und Bettlertum, die beide sein müssen. Nie hat sie daran gedacht, das Erbrecht ihrer Kinder, namentlich ihres Sohnes preiszugeben – oder gar das Fürstentum als solches verworfen.

Und doch! Mit welcher Fröhlichkeit nahm sie die Verstoßung an! Endlich kam Wahrheit in ihr Leben. Die Häuser der Adligen, der Bürger in der Stadt, versperrten sich aus Furcht; im Schuppen eines Gastwirts, zwischen Geräten und Viehtrögen, fand sie Obdach für sich und die Kinder, doch keinen Schutz vor der scharfen winterlichen Kälte. Aber ihr Haus war die Kirche; als die Franziskaner zur Mette läuteten, ging sie hin. Ein Geistlicher wagte sie aufzunehmen; sie versuchte es in einem bürgerlichen Hause, litt unter den Wirtsleuten und kehrte zum Geistlichen zurück. Dem Vornehmen galt sie für töricht, auch das Volk verstand sie nicht. Sie war zur Närrin in Christo geworden, zum Ärgernis aller. Da sie einen kotigen Bach überqueren wollte auf ein paar

*Vertreibung Elisabeths von
der Wartburg*

hingelegten flachen Steinen, wurde sie von einer ihr entgegenkommenden alten Bettlerin – wie oft wurde die von ihr beschenkt! – in den Schmutz gestoßen: »Da liegst du gut. Wolltest du keine Landgräfin sein, als du es warst, so liege nun arm im Kote. Ich helfe dir nimmer auf.« Sie reinigte lachend ihre Kleider. Aber ist es nicht wahr? Kann sie denn wirklich in das Reich der Armut eingehen, die Königstochter? Ähnliches sollen ihr auch früher oder später ihre Mägde und Begleiterinnen sagen: dir ist es wohl, wenn du die eitrigen Bettler badest und abtrocknest, aber uns? Und wenn du die Schüsseln wäschst und uns bedienst, machst du uns dann nicht hochmütig? Führst du uns nicht in Versuchung? Sie nimmt die Magd auf den Schoß. Das Lachen, die Liebe suchen nach einer Antwort. Aber wer beantwortet wirklich die hier aufgeworfenen Fragen? Hat das Volk nicht ein Recht auf die Landgräfin im Schloß, nicht im Stall, die Dienerin auf die Herrin, auf die Kluge, die innerhalb unverrückbarer Grenzen die Macht zu helfen und zu beglücken hat und verwahrt? Sie aber wird begnadet im Elend. Am Feuer sitzend, erblickt sie himmlische Herrlichkeit. Sie bemerkt es nicht, daß die Funken auf das geflickte, zusammengestückelte Kleid fallen. Auf Fragen antwortet sie nicht. Sie kann nicht sagen, was sie schaut. Sie darf es nicht.

Die Äbtissin von Kitzingen, Schwester ihrer Mutter, der Bischof Egbert von Bamberg, deren Bruder, nehmen sich ihrer Verwahrlosung an. Offenbar möchte der Bischof das Ärgernis dieser bettelnden Existenz einer Fürstin aufheben. Auf seinem Schloß Bodenstein unterbreitet er ihr Heiratsvorschläge, bedrängt sie damit. Der Kaiser ist zum zweitenmal verwitwet. Und für einen Augenblick leuchtet eines der Bilder auf, die als nie eingelöste Verheißungen durch die Geschichte ziehn: der rätselvolle, zwischen Welten und Zeiten lebende Mann am Vorabend seiner höchsten Anstrengung um Reich und Welt, an der Seite einer Heiligen, der armen Schwester des Franziskus! Er hat Jerusalem befreit – als Gebannter. Wer sollte vermitteln, wenn nicht sie? Und könnte sie nicht mehr, seine Seele führen – oder sich an seiner Seite für ihn opfern und für das Reich? Wäre das nicht ihre Berufung? Aber der Weg ist nicht mehr betretbar. Als Ludwig noch lebte, hat sie das Gelübde abgelegt, sich kein zweites Mal zu vermählen. Das Kind, das erst nach Ludwigs Tode geboren werden sollte, haben die Gatten Gott geweiht. Da erlösen sie Kreuzfahrer, die des Toten letzten Gruß bringen, alles was von ihm blieb. Sie empfängt den Ring einziger Liebe; auf ihm könnte die von ihrem liebevollen Biographen Montalembert zitierte Inschrift stehen, die der ihr bluts- und geistesverwandte König Ludwig von Frankreich in den seinen graben ließ: »Hors cet annel n'est point d'amour.« Sie läßt sich den Schrein öffnen, betrachtet den Staub der einst geliebten Gestalt und küßt ihn; dann bricht sie auf nach Eisenach, ihn zu bestatten.

Zwei der Töchter sind für das Kloster bestimmt, die dritte soll mit Hermann fürstlich erzogen werden. Das bedeutet Trennung von allen. Elisabeth möchte die Liebe mit den Wurzeln austilgen, mit einem einzigen Entschluß, und nach der strengsten Regel des Franziskus leben, bettelnd und von ihrer Hände Arbeit. Konrad verbietet es. Am Karsamstag umfaßt sie den nackten Altarstein: »Ich werde tun, was du mir nicht verbieten kannst.« Aber er setzt es durch, daß sie ihr Witwengut behält – um der Armen willen. So läßt sie sich in Marburg ein Haus bauen, aus Holz und Lehm. Lieber ist sie noch in einer elenden Unterkunft in dem Dörfchen Wehrde vor der Stadt. Eine Quelle unter einem Felsen, Ziel eines rauhen zweistündigen Weges, trägt ihren Namen, wie ein Brunnen in Eisenach, aus dem sie mit dem Eimer einen Fisch für einen Kranken zog. Unter erneutem feierlichem Gelübde läßt sie sich mit dem Gewand des Dritten Ordens bekleiden. Franziskus hört von seiner Schwester in Deutschland; auf Gebot seines Gönners, des Kardinals von Ostia, spä-

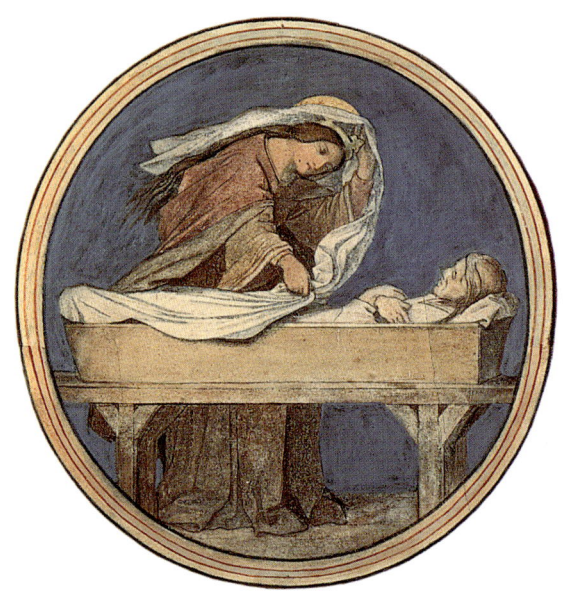

Die Toten begraben

teren Papstes Gregor IX., sendet er ihr den eigenen Mantel.

Aber es ist ihr nicht beschieden, den Durst nach Armut zu stillen, nicht die Liebe in ihrem Herzen zu töten. Sie betet zu Gott, daß er ihr die Liebe zu ihren Kindern nehme – unfaßbares Gebet einer Mutter. Sie führt statt des Wappens einen Mönch im Siegelring. Aber ist ihre Armut nicht Schein, das aus Fetzen zusammengesetzte Kleid nicht Lüge? Besitzt sie nicht doch? Und so baut sie sich ihr eigentliches Haus, das dem hl. Franziskus geweihte Hospital (1228) vor den Mauern in der Ebene, wo später die ihr geweihte Kirche erstand. Es ist mit der Franziskuskapelle von einem Zaune umschlossen; hier in der Kapelle – schmerzlicher, von ihr wohl kaum empfundener Widerspruch – predigt Magister Konrad den Kreuzzug gegen die Ketzer. Ein Spitalmeister, der die angekauften Höfe verwaltet und mit seinem Weibe unter dem Gelübde der Entsagung lebt, steht der Stiftung vor. Hier feiert die Stifterin nach dem Vergleich mit der landgräflichen Familie ein überschwengliches Fest der Armen, Kranken und Bettler, des unverhüllten Elends. Sie läßt aus einem Umkreis von zwölf Meilen die Bedürftigen aufbieten und an einem einzigen Tage unter ihrer eigenen strengen Aufsicht fünfhundert Mark Silbers unter sie verteilen, die Landgraf Heinrich Raspe ihr schicken mußte. Am Abend wandern die Kräftigeren wieder hinaus ins Land, die Schwachen liegen in der Umzäunung des Hospitals. Und noch einmal tritt sie unter sie im Mondlicht. Sie läßt Feuer anzünden und einem jeden sechs kölnische Heller reichen und Brot; dann kniet sie nieder und wäscht und salbt ihnen die Füße. Und die brüchigen Stimmen singen; und sie ist fröhlich mit den Fröhlichen.

Und doch! Der Vorwurf mißhandelter Liebe in ihrem Herzen schweigt nicht; jenes schreckliche Gebet wurde nicht erhört. Sie nimmt einen verkrüppelten, an Blutausfluß leidenden Knaben an, liebkost ihn, läßt sich viele Male in der Nacht von ihm rufen, reinigt die Wäsche. Liebkost sie in ihm ihren Sohn? Sieht sie auch in diesem Elenden Christus? »Gott ist mein Zeuge«, sagt sie, »daß ich meine Kinder nicht pflege, sondern die fremden Nächsten. Denn die hat mir Gott übergeben.« Nach dem Tode des Knaben erbarmt sie sich eines Mädchens, das vom Aussatz so grausam entstellt ist, daß niemand sich seiner annehmen oder es nur anblicken mag. Konrad erfährt es und schlägt sie hart – noch nach ihrem Tode sollte er sich deshalb vor dem Papst verklagen. Er verbietet ihr, mehr als eine Münze zu verschenken. Doch sie betrügt ihn, indem sie Münzen aus Silber statt aus Kupfer prägen läßt. Als er die List entdeckt, schlägt er sie ins Gesicht. Für diese und viele andere Demütigungen, deren Spuren sie wochenlang an ihrem Körper trug, hat sie ein Bild des Ertragens gefunden: »Wir müssen aushalten wie das Gras – oder Schilf –, das im Flusse steht. Zur Zeit der Überschwemmung wird es gebeugt und gepreßt, aber es wird von dem hinströmenden Wasser nicht verletzt. Wenn die Flut zurückgeht, erhebt es sich wieder und wächst kräftig und fröhlich.« Doch dann und wann fühlt sie sich im Dunkel: sie fürchtet, daß Gottes Liebe sie verlassen habe. – Sie selbst ist nicht frei von Härte; eine Frau, die nicht beichten wollte, soll sie, nach Aussage einer Dienerin, geschlagen haben; einem Mädchen, Hildegardis, das, unwissend und um seiner kranken Schwester zu helfen, beim Almosenverteilen ihr Gebot überschritten hatte, ließ sie trotz allen Flehens die schönen Haare abschneiden; einer Undankbaren den geschenkten Mantel wieder nehmen. Sie verzehrte sich nach Gehorsam. Aber sie wollte, daß ihr gehorcht wurde. Noch immer kämpfte Konrad gegen diesen fast unzerbrechlichen Willen; er nahm ihr zwei vertraute Begleiterinnen und ersetzte sie durch eine Nonne niederer Herkunft und eine mürrische Witwe (valde austera, wie er selbst sagt), die ihm ein jedes Vergehen gegen seine Vorschriften berichten mußten. So lebte sie gleichsam in Haft unter ständiger Strafe.

Welcher Mut, Tag für Tag, Stunde um Stunde der immer steigenden Flut irdischen Leids entgegenzutreten! Mit den Lebenden verbündeten sich die Toten; sie erschienen, um ihr Gebet zu erflehen, die

Die Hungrigen speisen

Wohltat ihrer Werke, ihres Opfers, eine neue Entbehrung. Gegen den Herbst 1231 erkrankte Magister Konrad; er glaubte sterben zu müssen und ließ Elisabeth rufen. Aber sie sagte ihm ruhig ihren eigenen Tod voraus. Dann lag sie zur Wand gekehrt, ihre Dienerin hörte Gesang, aber ihre Lippen regten sich nicht. Ein kleiner Vogel, sagte sie später, habe zwischen ihr und der Wand gesessen und so schön gesungen. Wie, wenn der Teufel käme, eben jetzt, an ihr Lager? Sie befahl ihm dreimal, zu fliehen. Doch nun war Mitternacht, die Stunde, da Jesus geboren wurde und in der Krippe ruhte; da der neue, noch nie gesehene Stern Macht gewann. Sie sprach von Lazarus, der Auferweckung der Toten und davon, daß Christus dreimal geweint hat: über den gestorbenen Lazarus, über Jerusalem und am Kreuz. Sie hatte nichts zu vergeben als den Mantel des Franziskus; Christus war der Erbe ihrer Armut. Und als nun die Mönche und Nonnen an ihrem Lager schluchzten, wiederholte sie die Worte Christi: »Ihr Töchter Jerusalems, weint nicht über mich, sondern über euch.« So blieb sie im letzten Augenblick noch dem Leid der Erde zugewendet, in das sie gesendet war. Wenige haben es hüllenlos gesehen wie die Königstochter aus Ungarn, wenige sein aussätziges Antlitz geliebt und den Staub der Toten, wie sie die Leichen geehrt und in reine Tücher gekleidet und – wer könnte es unter uns! – den Bruder aufgehoben, der,

wie die Reimchronik ihres Lebens von einem verkrüppelten, taubstummen Kinde sagt: *Dae vor ihr
lag als ein schwein.*

Inmitten solchen Leids, überflutet von ihm, bedrängt von den Bitten gepeinigter Seelen und unter
diesem Leide sterbend, hat sie ihr strahlendes Wort
gesprochen: »Wir müssen die Menschen so glück-
lich machen, wie wir nur können.«

Wenn sie am heitersten war, sagt ihre Begleiterin,
Frau Irmingardis, weinte sie am meisten. Sie vergoß
Tränen, wenn sie die Augen öffnete vor der äußeren
Welt, und lächelte, wenn sie sie schloß, beglückt
vom inneren Licht. Dem Christen ist sie ein Zeichen der verzehrenden Unerreichbarkeit des Christentums. Was sie wollte, war unvollendbar. Aber
sie hat es gewagt: die Schuld an der Liebe um der
Liebe willen. Auch daß die Menschen, die sie für
wahnsinnig hielten, ihr die Ehre absprachen und
sagten, sie sei Konrads Geliebte, hat sie als das letzte
noch mögliche Opfer fröhlich angenommen. Aber
sie ist nicht allein eine unbarmherzige Peinigerin
christlichen Gewissens, nicht allein die ach so bit-
ter nötige Gabe der Reichen auf dem Altare der
Armut, der Fürsten und Mächtigen in der Kapelle
des Franziskus: sie ist eine weltgeschichtliche Gestalt. Denn in Wahrheit hat sie, auch als Verzichtende, den Stand nie verlassen, dem sie verpflichtet war: sie hat vielmehr als Fürstin und Frau für

den, der die Macht des Unsichtbaren, des Gebetes, der Sühne, einfach der gläubigen stellvertretenden Schmerzen anerkennen will, ihre Bestimmung erfüllt.

Elisabeth stirbt als Nonne

Als die Totenvigilien gesungen wurden, im Dämmer des Novembertages, hörte die Äbtissin von Wetter fröhlichen Vogelgesang; sie trat vor die Kapelle und sah auf dem First Vogelscharen versammelt. Das Volk, das für sie immer ihr Volk war, ob es sie auch oft nicht verstand, umdrängte die unversehrte Jugend der Toten. Es schnitt sich Streifen des Gewandes ab, Haare und Nägel; in seiner Einfalt unterwarf es den Leichnam dem Martyrium, das die Seele längst erlitten hatte. Das Martyrium der Gebeine sollte dann im Laufe der Jahrhunderte folgen. Heiligkeit ist völliges Ausgeliefertsein. Dann legten sie die Lahmen und Blinden auf den Grabstein; unter Tränen das Lied vom Abschied Ludwigs von Elisabeth singend, brachen sie zur Wallfahrt auf. Magister Konrad war überzeugt, daß er mit Geißel und Ruten die Heilige herausgetrieben hatte aus dem Fleisch; mit dem Erzbischof von Mainz und dem Abt von Eberbach sammelte er die Berichte von über hundert Wundern, die an ihrem Grabe geschehen waren. Aber er sollte ihren Triumph mit sterblichen Augen nicht mehr sehen.

Er hatte den mächtigen Herren von Solms, Sayn, Henneberg, Loz angekündigt, daß er, ihrer Ketzerei wegen, ihre Schlösser räumen werde. Bald brachte er einen stattlichen Haufen Kreuzfahrer auf; wer wollte beim Räumen der Schlösser nicht helfen! Als er vom Mainzer Hoftage zurückkehrte, wo er in Gegenwart des Königs gegen den Einspruch des Bischofs von Trier seine Anklagen behauptet hatte, lauerten ihm an der Straße von Marburg die von ihm bezichtigten Ritter auf; sein treuer Helfer, Bruder Gerhard Lützelkolb, umschlang ihn; so wurden sie beide erschlagen. Viele atmeten auf, mit ihnen der Chronist von Trier, der meinte, daß seit den Tagen des häretischen Kaisers Constantinus und des abtrünnigen Julian keine schrecklichere Zeit der Verfolgung zu verzeichnen sei. Mönche begruben den Ketzermeister neben Elisabeth in der Kapelle des heiligen Franziskus im Siechenhaus. Und auch als Landgraf Konrad, der jüngste Bruder Ludwigs, von ihrem Wandel erschüttert, Ritter des Deutschen Ordens geworden war und als Meister zu ihren Ehren eine Kirche in Marburg errichtete, wurde Konrad neben Elisabeth bestattet, der Heiligen, mit der der Unglückliche auf geheimnisvolle Weise verbunden war.

Über dem Grabe der Heiligen vollendete sich die Katastrophe der Welt, für die sie gebetet und ihre Sühne angeboten hatte. Die Stedinger Bauern, die wohl ein wenig Aberglauben getrieben hatten, aber im übrigen nur Ketzer ihrer alten Freiheit waren, wurden, nachdem das Kreuz gegen sie gepredigt war, von Friedrich II. geächtet, vom Ritterheer des Herzogs von Brabant zertreten (1234). Es scheint, daß den Marburger Inquisitor nur mittelbare Schuld an ihrem Untergang trifft. König Heinrich, des Kaisers Sohn, empörte sich gegen den Vater, verbündet mit den Lombarden; auf des Vaters Drängen vom Papst gebannt, mußte er sich in Nürnberg unterwerfen, in Worms gefangen geben. Nie mehr verließ er seinen Kerker in Apulien. In der Verehrung Elisabeths vereinigten sich ein letztes Mal Papst und Kaiser. Am Pfingstsonntag des Jahres 1235 wallte Papst Gregor IX. in Perugia, gefolgt von Kardinälen, dem Landgrafen Konrad, Tausenden von Gläubigen, unter dem Schall der Posaunen zur Kirche des Dominikanerklosters, um zu verkünden, daß Elisabeth, zu Lebzeiten Landgräfin von Thüringen, heilig ist. Am 1. Mai des folgenden Jahres schritt Kaiser Friedrich in Marburg unter der kaiserlichen Krone, aber im schlichten grauen Röcklein, zum Grabe Elisabeths, um ihre Gebeine zu heben. Dann traten Papst und Kaiser zum letzten Waffengang an. Wieder stürzte der Bannstrahl auf Friedrich. In den Tertiaren des Franziskus, den Brüdern und Schwestern Elisabeths, sah er seine erbitterten Feinde: die ganze Christenheit, klagte der Kanzler Petrus von Vinea, scheine in diesen Orden flüchten zu wollen. Sie verwarfen die Waffen. Was sollte geschehen, wenn die Macht des Himmels furchtbarer war als die Macht der Erde? Als Gregor IX. starb, war Friedrich sieg-

*Der Leichnam Elisabeths wird
nach Marburg überführt*

reich. Er hatte, vielleicht um Heinrich Raspe, dem er nicht traute, durch Großmut zu binden, ihn zur Statthalterschaft in Deutschland erhoben. Aber dieser fiel ab: er glaubte, die Landgrafschaft auf die höchste Karte setzend, endlich das thüringische Großreich begründen zu können und ließ sich von der päpstlichen Partei in Veitshöchheim zum Gegenkönig ausrufen. Wie von seinem Statthalter und seinem Sohn Heinrich wurde Friedrich, den das Konzil von Lyon unter Innozenz IV. aufs neue gebannt hatte, von seinem Kanzler Petrus von Vinea betrogen. Vor Parma, im Kampf mit Papst und Städten geschlagen, gebeugt vom Kummer um seinen Sohn Enzio, der in Bologna im Kerker lag, kämpfend, nicht gebrochen, starb er in Apulien und mit ihm das Reich: jene Gestalt des Reiches zum mindesten, die über die Jahrhunderte geboten hatte.

Längst war Hermann, Elisabeths Sohn, gestorben (1241); im selben Jahr fiel Heinrich, ihr Vetter, der Sohn der Herzogin von Schlesien, bei Liegnitz als Sieger über die Tataren und Retter seines Landes. Mit- und Nachwelt belasteten Heinrich Raspe mit den unbewiesenen Vorwürfen der Schuld an Hermanns frühem Tod; der Gegenkönig erkrankte, als er im Winter Ulm vergeblich berannte, und starb ohne Ruhm, Glück und Erben auf der Wartburg (1247). Der Streit, den er angefacht, brannte fort; die Bischöfe erhoben in Neuß den Gegenkönig Wilhelm von Holland, der ebenso glücklos war. Mit fragwürdigem Recht setzten sich die wettinischen Markgrafen von Meißen auf der Wartburg fest, Elisabeths Nachfahren, die Kinder aus der Ehe ihrer Tochter Sofie mit dem Herzog von Brabant, aus Thüringen verdrängend. Nur Hessen ist ihnen von dem zerrissenen Reich geblieben. Das bedeutende Wirken des sich weit verzweigenden Hauses Brabant, Glanz und maßloses Leid, streifen noch unsere Tage. Die Frage, was die Heilige vermag und was ihr verwehrt ist, was ihre Verehrung bedeutet und ihr Vergessenwerden, was ihre Bitte und unsere Schuld, ist kaum erschütternder gestellt worden als von der Geschichte des erlauchten, vom Unglück noch einmal gekrönten hessischen Hauses. –

Ein Verlangen nach Entsagung durchschauerte die Fürstengeschlechter jener Zeit. Herzogin Hedwig von Schlesien erbat sich einen Schleier ihrer Nichte Elisabeth als Reliquie; mit der Einwilligung ihres Mannes zog sie sich in das von ihr gegründete Zisterzienserinnenkloster Trebnitz zurück, dessen Äbtissin eine ihrer Töchter war. Der Herzog befahl, daß die Türen der Gefängnisse geöffnet würden, an denen sie vorüberging. Wie Elisabeth die Schutzherrin Thüringens, wurde sie die heilige Patronin Schlesiens, beide zu Ämtern erhoben, die nicht mehr erschüttert werden können, Herrinnen für immer. Agnes von Böhmen bat die heilige Clara von Assisi um ihren Strick, mit dem sie sich gürten wollte. Bela IV. von Ungarn, Elisabeths Bruder, wurde Tertiar, ein anderer Bruder, Coloman, herrschte als Entsagender über Galizien; er fiel wie Heinrich von Schlesien gegen die Tataren. Elisabeth von Portugal warf sich zwischen schlachtbereite Heere und stiftete Frieden. Das strengste Leben schloß die Tat nicht aus; es hat sie getragen. Ohne den Glauben an die Kraft des Opfers – und gerade des Opfers der Frau – konnte die Grenzwacht gegen Tataren und Mauren nicht geleistet werden.

Wie Elisabeth von Thüringen neben der menschlichen Geißel ihres Lebens begraben lag, bis ihre Gebeine gehoben, zerstreut, endlich verbannt wurden, so ließ sich ihr Schwager, der Deutschmeister Landgraf Konrad, in der von ihm für sie erbauten Kirche auf seinem Grabstein darstellen als Büßer, mit einer Geißel in der Hand. Es ist die Geißel, die er, durch Elisabeths Wandel vor den eigenen Taten erschauernd, in Fritzlar dem Volk hingehalten hat, daß es ihn strafe.

Aber das höchste Symbol ihres Wirkens ist anderer Art. Kaiser Friedrich II., so berichtet die Überlieferung, habe den Schädel der heiligen Elisabeth, in eine spätantike Schale gefaßt, in seinen Kronreif geschlossen. Uns geht es hier nicht um das Faktum, das wir nicht nachprüfen können, sondern um die Vorstellung von Geschichte und Heiligkeit, den Zusammenklang der Zeiten und die Bestimmung der Frau, Größe und Grenze ihrer Macht. Die Reliquie der Verzichterin in der kaiserlichen Krone, mit antikem Erbe geschmückt; das höchste Symbol der Macht von der Ärmsten, der Geschlagenen, in den Kot Gestoßenen, erhöht: das ist offenbar das Aufleuchten der Sendung Elisabeths und die letzte Gestalt des Reiches. Es bedeutet auch das Mysterium der Erlösung Kaiser Friedrichs II. – ein doch mögliches Mysterium – : des Kaisers, der so viel erfahren hatte an Schicksal und Wissen und vom Erbe der Überlieferungen, daß er meinte, nicht glauben zu können. Wenn er aber den Staub der Frau seines Freundes, der Frau, um die er geworben, in seiner Krone barg, überantwortete er sich und das Reich einem Opfer über alles Begreifen, wurde Elisabeth Kaiserin in verborgenem Sinne.

Die Geschichte der Wirkung Elisabeths, ihres Beispiels, kann nicht geschrieben werden. Wir sehen wohl, wie sie Wipfel bewegte und armes Gras. Aber niemand zählt die Tränen, die sie getrocknet hat. Um Mittag ist sie einmal einem in der Kirche umhertappenden Blinden begegnet; um Mittag, für sie die liebste Zeit, um in die Kirche zu gehen, war sie mit dem Blinden allein vor Gott.

Das Reich, in dessen Raum sie allein verstanden werden kann, in einer großen Hierarchie, in der alle Stände füreinander einstehen, ist untergegangen, unwiederholbar in der bekannten Gestalt, dem Mißbrauch ausgeliefert. Der edelste Stein der Krone ist geblieben. Und aus seiner Kraft könnte ein Reich sich herstellen, ein noch nie gewesenes, immer angedeutetes, vorausgenommenes. Elisabeth schlug einmal ein kostbares Bild aus: sie bedürfe seiner nicht, sie habe das Bild im Herzen. Das Reich, um das es von Anfang ging und am Ende im ernstesten Sinne gehen wird, ist das Reich in uns.

Über der schweren, über die Erde gelagerten Wucht der verödenden romanischen Kaiserpaläste erhoben sich die gotischen Türme, der schmale und hohe gotische Raum.

Anhang

Reinhold Schneider
Sankt Elisabeth

Die Ritter sind nicht Ritter mehr. Es brach
Im fremden Lande hoher Sinn. Das Brot
Auf Fürstentafeln klagt von Fron und Not,
Und alles Edle starb dem Edlen nach.

Fortan ist edel: heilig Ungemach.
Aus Burg und Herrschaft drängt mich ein Gebot
Tief, tief ins Leid, das lang mein Haus umdroht;
Ich folge Dem, der herrlich ward durch Schmach.

Mein darbend Volk, von Gott zum Volk erlesen,
Nimm du mich auf, laß sein mich was du bist,
Und mich entschwinden in der ärmsten Schar!

Noch strahlt zurück, was fürstlich mein gewesen
Und in mir stirbt. Der ewig König ist,
Wirft ab den Bettler, der sein Mantel war.

Walter Schmitz
Nachwort

Leo Weismantel berichtet in seinem 1931 erschienenen Buch über die Heilige Elisabeth von der ersten wunderbaren Krankenheilung, die durch das Kind Elisabeth vollbracht wird: »Da stand das Wunder in ihrer Mitte. Es war still. Auf den Gesichtern der Menschen [...] lag ein seltsames Schwanken. Sollten sie des Wunders sich freuen, sollten sie über den Thoren lachen?«[1]

Diese kleine Szene der Ratlosigkeit ist ein Sinnbild für Elisabeths künftiges Leben. Das Heilige, so zeigt sich, steht fremd in der Geschichte; die »Thorheit des Kreuzes«[2] wird von den Menschen nicht begriffen. Wer sich ganz Gott zuwendet, tritt aus der Zeitfolge irdischen Geschehens in die Ordnung der Heilszeit; gerade Reinhold Schneiders Geschichtsdenken hat diese Spannung von Welt- und Heilsgeschichte in seinen großen Büchern seit den dreißiger Jahren immer wieder bewußt gemacht und ihr standgehalten. Und in seinem späten großen Essay *Elisabeth von Thüringen. 1207-1231* konnte so auch entfaltet werden, was in Weismantels früherem, voluminösem Werk nur Andeutung blieb.[3] Um die »Vorstellung von Geschichte und Heiligkeit« geht es in Reinhold Schneiders Darstellung einer Heiligengestalt aus einem Reich, das »untergegangen, unwiederholbar [...], dem Mißbrauch ausgeliefert« ist (S. 81).

Die Welt kann die Fremdheit des Heiligen nicht ertragen und nicht dulden. Wie das Heilige zurückgeholt wird in den »Griff der Welt«[4], ist so an einer Deutungs- und Aneignungsgeschichte zu belegen, die sogleich mit den ersten Schriftzeugnissen, den Viten und Legenden Elisabeths[5], unter Erwartungshorizonte – auch Anforderungen kirchlichen Lebens – tritt, die erfüllt sein wollen: »Wir dürfen die Blüten der Legende, die sie umrankt, nicht knikken«, mahnt Reinhold Schneider in seiner Deutung der Heiligen: »sie sind zu innig um sie geschlungen; wohl aber«, so fährt er mit der ihm eigenen sanften und besonnenen Entschiedenheit fort, »müssen wir sie ein wenig zur Seite biegen, um die Schmerzen zu ahnen, die Elisabeth verschwieg« (S. 16). Erst jenseits des Schleiers der Legende wird das schneidende Paradox dieses Heiligenlebens erfahrbar: Daß die »Unmöglichkeit christlichen Daseins« eben durch die vollkommene Verwirklichung christlichen Daseins bezeugt wird: »Während ihres ganzen Lebens hat Elisabeth Ärgernis erregt und darunter gelitten. Sie ist ein Ärgernis geblieben; es muß [...] hinzugefügt werden, ein kaum tragbares.« (S. 29) Die Kategorien der Vernunft und die Bedingungen des gesellschaftlichen Wohlverhaltens werden brüskiert; die »Ordnung« des irdischen Lebens wird ›gefährdet‹[6], ja sie wird belanglos unter dem Gebot einer bedingungslosen Hingabe an Gott. Das Dasein der Heiligen ist zwecklos in der Welt; die beunruhigte Nach- und Mitwelt jedoch sucht es wiederum irdischen Zwecken der Belehrung, der Sinnstiftung, der Lebenshilfe und Erbauung nutzbar zu machen.

Reinhold Schneiders Essay über Elisabeth von Thüringen war bereits durch den Anlaß seiner Entstehung mit derartigen Sinnhoffnungen konfrontiert, denen der Text dann unprätentiös, aber entschieden zu widersprechen haben wird. In den Jahren 1935 und 1936 hatten Willy Andreas und Wilhelm von Scholz im Propyläen Verlag ein Sammelwerk über die ›großen Deutschen‹ vorgelegt, das zwar nicht der nationalsozialistischen Geschichtsfälschung hörig, aber doch dem epochalen Leitbild des Führertums verpflichtet war[7]; »dem gewalttätigen Geschichtsvorgang, der eben angehoben hatte, ›Größe‹ zuzuschreiben«, war der Herausgeber der damaligen Sammlung durchaus bereit. Als das Sammelwerk in den fünfziger Jahren neu erscheinen soll, gewinnt der Verlag Theodor Heuss für die Herausgabe.

Mit Reinhold Schneider, dem künftigen Beiträger, war der Bundespräsident seit langem bekannt. Sie waren 1939 in Florenz zusammengetroffen[8], eine Begegnung, die für Schneider noch in der Erinnerungsperspektive seines Nachrufes auf Heuss eine geistige Gemeinschaft offenbarte: Er habe an dem Autor des Bandes *Deutsche Gestalten* »ein tiefes Wissen […] von deutscher Art, […] Wissen vom Menschen überhaupt, […] Liebe und Freude am Gesthafthaften, Ursprünglich-Eigenen, am geistbestimmten Schicksal«[9] bewundert – und er hatte damit die Schlüsselworte ihres damals verwandten Strebens noch einmal zitiert. Gerade die Suche nach einer ›deutschen Art‹ aber war 1956 ein unsicheres Unterfangen geworden; die Prämisse ›deutscher Größe‹ mußte – nach dem Exzeß deutscher Schuld – jedes ›zartere Wertgefühl‹ verstören, mußte Fragen und Bedenken aufwerfen, die Heuss dann sorgfältig in seinem Vorwort erwägen wird. Sie hatten die gesamte Neukonzeption der Sammlung begleitet. In den ›Tagebuchbriefen‹ an seine langjährige Vertraute Toni Stolper zieht Heuss am 8. November 1955 das Resümee einer »Herausgeberkonferenz […] über ›die großen Deutschen‹, die mich zwischendurch quälen – was denn ›groß‹ sei und wer das glaubhaft dartun könne. Mir war die Ausgabe von 1936 zu maskulin – bei den Dargestellten und bei den Darstellern. So habe ich die Elisabeth von Thüringen hereingebracht – der Schreiber, Reinhold Schneider, ein Mann.«[10]

Scheinbar sucht Heuss nur die paradoxe Formulierung; doch seine Pointe trifft gewiß nicht den

Autor Schneider, der in seinem Essay ausdrücklich fragen wird, »[w]as die Frau in der Geschichte vermag – und was sie nicht vermag; was ihre wirkliche Berufung ist als geschichtliche Person, und in welchem Maße Gang und Bestand der Geschichte auf sie angewiesen sind« (S. 15). Vielmehr verweist Heuss auf eine Blindstelle des bildungsbürgerlichen Projektes in Deutschland: Die Kulturnation war von Männern bevölkert; die gebildete Persönlichkeit war als männlich zu denken (anders als es in den Textwelten der Klassik, in Goethes *Iphigenie* etwa, aber auch in seinen *Wilhelm Meister*-Romanen, vorgezeichnet war); ihre Goethe noch fremde Übersteigerung im Helden hatte dies offengelegt, ohne Widerspruch zu finden. Zum kulturellen Schlagwort wird ›Männlichkeit‹ in den dreißiger Jahren – mit der verhängnisvollen Funktion, die Barbarei des Nationalsozialismus sprachfähig, integrierbar und akzeptabel erscheinen zu lassen.[11] Diesem diskreditierten Kult der ›großen Männer‹ setzt Reinhold Schneider das Ärgernis der Heiligen Elisabeth entgegen – und er tut dies ganz im Sinne des Herausgebers Theodor Heuss.

Freilich ist dies nur ein Beispiel der Verweigerung von geläufigen Aneignungsmustern, wie sie insgesamt diesen Essay über eine Heilige prägt, die aus der Fremdheit ihrer Zuwendung zu Gott längst in die allzu vertrauliche Nähe einer Genrefigur gerückt war. Die beliebten Wundererzählungen, das ›Rosenwunder‹ voran, erfüllten das Bedürfnis des 19. Jahrhunderts »nach arrangierter [...] Szene«, nach dem Genre, wie es Dolf Sternberger in seiner Studie *Panorama oder Ansichten vom 19. Jahrhundert* beschrieben und in die Sentimentalisierung der Geschichte, den Kult des einfachen Gefühls eingeordnet hat.[12] ›Einfalt und Glauben‹[13] schmücken denn auch unsere ›liebe heilige Elisabeth‹, wie sie stereotyp in der biographischen Darstellung Montalemberts bezeichnet wird. Noch im Jahr 1862 heißt es im Vorwort dieses auch für Reinhold Schneider maßgeblichen Werkes, der Verfasser habe »eine ›Legende aus den Jahrhunderten des Glaubens‹, eine Schilderung der religiösen und geistigen Bewegungen jener Zeit liefern wollen, und sich zu diesem Ende selbst auf den Standpunkt des Mittelalters zurückversetzt«.[14] Gerade diese pseudo-historische Einfühlung jedoch ist eminent ›modern‹, ist bezeichnend für die Geschichtskonstruktion im 19. Jahrhundert.[15]

›Rührend‹, wie es die Rezeptionskategorie des Genrebildes im 19. Jahrhundert fordert, ist die Geschichte, wie die Tochter des Königs Andreas II. von Ungarn und seiner Gemahlin Gertrud von Andechs[16] vierjährig, einem Heiratspakt gemäß, an den thüringischen Hof gebracht und dort mit den Kindern Landgraf Hermanns I. erzogen wird. Herzliche Frömmigkeit, das unschuldige Spiel in der Erwählung, das Wunder göttlicher Gnade sind hier auszumalen.

Doch erhebt die fromme Legende, wie sie in diesem sehr ›modernen‹ 19. Jahrhundert nochmals kanonisch wird, zwar das Leben der Elisabeth von Thüringen zur Typik heiligmäßigen Daseins, reduziert es aber zugleich: »Und was sagen die Chroniken nicht!« ruft Reinhold Schneider seinem Leser ins Gedächtnis: »Wir können uns doch nicht anmaßen zu beschreiben, was wirklich geschehen ist: in den Seelen« (S. 26). »Die Beschreibung der Wesenszüge und Handlungen«, so merkt eine jüngere historische Darstellung nüchtern an, »in den [für die Kindheit Elisabeths] erhaltenen Heiligenakten ist allerdings unter dem Vorbehalt zu sehen, daß hier auch rollengemäße, einem ›heiligen‹ Leben gemäße Vorstellungen« ausgebaut werden.[17]

Jene ›Geschichte der Seele‹ einerseits, andererseits aber auch die Empirie des äußeren Lebens vermögen erst das Ärgernis des Heiligen – gleichsam von seinen Grenzen aus – bestimmbar und vielleicht sogar für uns erfahrbar zu machen. »Wir müssen uns«, so ergänzt Reinhold Schneider deshalb, auch »dieses Geschichtsraums [im Herzen Deutschlands] bewußt bleiben, wenn wir Elisabeths Wesen und Sendung verstehen wollen; sie lebte nicht in einer Altarnische, sondern steht zwischen unaufhaltsam um die Gestalt irdischer Ordnung ringenden Mächten; und wenn sie auf den Altar erhoben wurde, so nur, weil sie den Streit der Zeit bestanden hat« (S. 19).

Die einsinnige Legenden-Biographie zersplittert so bei einer ernsten, das Andere und Fremde ernst nehmenden Annäherung; sie erscheint jeweils perspektiviert nach politischer Rolle, höfischer Funktion und frömmigkeitsgeschichtlicher Position der Elisabeth von Thüringen.

Im Jahr 1221 wird die Vierzehnjährige mit dem thüringischen Landgrafen Ludwig IV. vermählt. Der junge Landgraf strebte eine nördliche Ausdehnung seiner sich südwestlich bereits weit ins Hessische erstreckenden thüringischen Stammlande an, vor allem den Erwerb der meißnischen Gebiete und der Niederlausitz. Reichspolitisch agierte er als treuer Anhänger des Kaisers Friedrich II., für Montalembert eine der Figurationen des Antichrist in der Geschichte: »Im Rausche seiner Macht, wie später Ludwig XIV. und Napoleon, ist ihm der Einspruch jeder geistlichen Gewalt zuwider«[18]; die »glorreiche Reaktion«, die Montalembert preist, in *einem* Kennwort seine Gegenwart und das Mittelalter verschmelzend[19], löst sich in machtpolitische Interessen auf, sobald man das Kräftegeflecht um die thüringische Landgrafschaft betrachtet. »Ob Elisabeth Einfluß auf die politischen Entscheidungen ihres Mannes nahm, ist [freilich] nicht bekannt.«[20] Eine politische Rolle spielte sie, von der dynastischen Heirat bis zum Streit um ihre Witwenrechte und die Erbrechte ihrer Kinder, gleichwohl.

»Elisabeth tritt uns, ähnlich wie ihr Gemahl Ludwig IV. und – in anderer Weise – dessen Vater Hermann I., als eine Persönlichkeit mit zwei verschiedenen Grundzügen ihres Wesens und ihrer Existenz entgegen«[21]; übertraf sie doch einerseits »[d]urch ihre königliche Geburt die landgräfliche Familie an Rang«, war demnach »in ihrer höfischen Erziehung und in ihrer Stellung als Landgräfin« auch »zweifellos von den Normen geprägt, die für das Leben jener vornehmsten Kreise des europäischen Hochadels als standesgemäß galten«. Ihr Leben als Frau des Landgrafen, erst seit 1224 wohl vornehmlich auf der Wartburg, wird also zunächst von ihrer höfischen Funktion bestimmt und »dürfte sich kaum von dem anderer Fürstinnen ihrer Zeit unterschieden haben. Sie hatte repräsentative Pflichten wahrzunehmen, besaß wohl auch ein wichtiges Mitspracherecht in Angelegenheiten des Hofes«.[22] Andererseits aber »hatte sie sich in rigoroser Offenheit den Zielen der religiösen Armutsbewegung angeschlossen und die Lebensformen der Beginen und der Minderbrüder zu verwirklichen gesucht, soweit dies ihr fürstlicher Stand zuließ«.[23] Ihr Leben ist damit exemplarisch praktizierte Hofkritik.[24]

Ebenfalls bestätigt wird hier indes die für Elisabeth von Thüringen bezeichnende Wechselwirkung von ständischer, repräsentativ öffentlicher Rolle und öffentlich vollzogener existentieller Entscheidung: Die Erniedrigung einer Niedriggeborenen hätte der Welt kein ›Ärgernis‹ gegeben. »Kann sie denn wirklich in das Reich der Armut eingehen, die Königstochter?« fragte Reinhold Schneider in seiner Darstellung der »Närrin in Christo« Elisabeth (S. 59 f.).[25]

Ihre aufsehenerregende karitative Tätigkeit gipfelte in dem Hungerjahr 1226, als sie die landgräflichen Vorräte verteilen ließ, ihren persönlichen Besitz hinschenkte, auch selbst die Hungernden in dem Hospital am Fuß der Wartburg versorgte, das sie erbauen ließ. Sicher wußte sie dabei vom Wirken der Franziskaner; sie verehrte den Heiligen von Assisi, ohne doch – wie die Brüder des Ordens später behaupteten – von einem der ihren angeleitet worden zu sein. Als ihr geistlicher Führer wurde – Ende 1225 oder Anfang 1226 – vielmehr, mit dem Willen des Landgrafen, der Magister Konrad von Marburg bestimmt, den Reinhold Schneider dann unter Berufung auf einen »evangelischen Kirchenhistoriker« (S. 45) als ›Dämon‹ eines inquisitorischen Katholizismus porträtieren wird.[26]

Nach dem Tod des Landgrafen kam es zwischen Elisabeth und ihrer höfischen Umwelt zum offenen

Bruch. Reinhold Schneider hat in seinem auf den 1. Juli 1948 datierten Rollensonett *Sankt Elisabeth* eben in diesem Moment der Abkehr vom Hofe die Dialektik einer Lebenswende pointiert, sie mit aktueller Verweiskraft auf die ›arme Literatur‹ der Nachkriegsjahre bezogen[27] und zugleich die Gedankenbewegung seines späteren Essays vorgezeichnet: Da alle früheren Normen nicht mehr gelten – »Die Ritter sind nicht Ritter mehr« –, ist der höchste Wert jetzt die Erniedrigung, bedeutet Elisabeths Preisgabe des irdischen Fürstentums erst die Teilhabe an dem ewigen Königtum Christi. Damit – und hier ist das Gedicht strenger als der Essay – wird auch die Sprachordnung der ›Welt‹ in die ›Wahrheit‹ versetzt; in der Mantelsymbolik des Enthüllens und Befreiens der Seele verschränken sich Materielles und Spirituelles, weltlicher und geistlicher Sinn des Wortes.[28] Im spirituellen Sinn, in den die Bewegung dieser Rede der Elisabeth mündet, ist ›bettelhaft‹ der Fürstenmantel; ihn abzuwerfen – und im Sinn der ›Welt‹ ein Bettlerleben zu führen –, bedeutet in der Nachfolge Christi dessen Epiphanie im Leben der Elisabeth von Thüringen. – Elisabeth verließ im Herbst 1227 mit ihren Kindern die Wartburg; unter dürftigen, schmählichen Bedingungen, die von der Verachtung des Heiligen in der Welt zeugen, hielt sie sich in Eisenach auf. Sogar ihre Kinder gibt sie preis, in einem paradoxen Opfer der im göttlichen Gebot geforderten Eltern-Liebe um der Gottes-Liebe willen. Selbst die Tugenden der Welt sind mit Elisabeths Werben um Gott unvereinbar; wie sich Elisabeth allerdings Gott zu nähern vermochte, war doch von ihrem Rang in der Welt bedingt.

Diese Ambivalenz bestimmt auch ihre frömmigkeitsgeschichtliche Position. Einerseits gehört sie zu den ›sancti moderni‹, den ›neuen Heiligen‹, »und war wie diese prägendes Leitbild eines Heiligentyps, der dem neuen, sich rasch ausbreitenden Frömmigkeitsideal vollkommener Buße und radikaler Christusnachfolge in äußerster freiwilliger Armut entsprach« und sich in neuen Mustern weiblicher Heiligkeit besonders eindrucksvoll ausprägte. Andererseits verkörpert sie »an führender Stelle den traditionellen Typ königlich-fürstlicher Heiliger, dem auch im Hoch- und Spätmittelalter die meisten der zu den Heiligen erhobenen Laien angehörten«[29]; dank ihrer »Doppelstellung«[30] wurde sie deshalb »von Anfang an von höchst unterschiedlichen Kreisen als Heilige verehrt, und in der Propagierung ihres Kultes trafen sich vielfältige Interessen«.[31] Sie unterwerfen die Figur Elisabeths einem Prozeß der »Stilisierung, der Politisierung und der Refeudalisierung« und spiegeln damit die Elemente ihrer Biographie. Politisch wird sie »als Hauptfrau des Hauses und als Patronin des Landes Hessen«[32] instrumentalisiert, zudem auch in die ungarische Tradition heiliger Könige eingeordnet; in der Politik des Glaubens wird der Kampf gegen die Häresie mit dem alsbald volkstümlichen, in einer ausgedehnten Wallfahrt florierenden Elisabethkult verbunden, ganz wie es den Zielen Konrads von Marburg entsprach. Verknüpft werden diese Zwecksetzungen mit der Übergabe des Marburger Kultzentrums samt dem Heiligengrab an den Deutschen Orden, dem spektakulären Eintritt des Landgrafen Konrad in den Orden, schließlich der Translation des Leichnams am 1. Mai 1236 – im Beisein Kaiser Friedrichs II., der anschließend in einem Schreiben an den Generalminister des Franziskanerordens »Elisabeths frommes Leben« rühmt, wie er sich auch nicht scheue, »als Kaiser in der Heiligen die königliche Frau zu preisen«.[33] Damit ist schließlich der Aneignungsgeschichte eine zunächst fast unmerkliche Spur eingeschrieben, die sich späterhin zum ›staufischen‹ Leitmotiv entwickeln wird: Elisabeth wurde seither »innerhalb wie außerhalb der deutschen Grenzen immer wieder in ganz besonderer Weise mit Deutschland in Verbindung gebracht«.[34]

Für junge adlige und hochadlige Frauen, jene »unseligen Frauen, die in den Burgen saßen«[35], wird Elisabeth zum Vorbild eines selbstbestimmten, höfischer Regulierung entzogenen, heiligmäßigen Lebens. »Während einerseits das Bewußtsein für das Ich und die Individualität wächst«, so hat Gabor

Klaniczay diesen zwiespältigen ›Nutzen des Übernatürlichen‹ in eine weitreichende mentalitäts- und sozialgeschichtliche Entwicklung eingeordnet, »nimmt andererseits die Bereitschaft zur Anpassung an historische Lebensmodelle zu«, so daß eine förmliche ›Mode‹ der Elisabeth-Nachfolge um sich greift. Elisabeths Antwort auf Vor-Bilder des Heiligendaseins[36] wird wiederum, in vielfältigen medialen Brechungen durch visuelle und verbale Zeicheninventare, vorbildlich, bis allmählich in der Summe nutzbarer Umdeutungen dieser Heiligenfigur die einzigartige Signatur ihrer Existenz verblaßt und nahezu erlischt. Erst im 19. Jahrhundert dann vermag diese früh angelegte und ausgebeutete Ambivalenz ihr gesamtes Potential zu einer neuen, nicht allein kirchlichen, sondern auch säkularen Legendenbildung zu entfalten. Sie ordnet das ›Ärgernis Elisabeth‹ ein, und jene Paradoxien, denen die Arbeit an der Legende ihre Dynamik verdankt, werden schließlich in ihr selbst beruhigt und stillgestellt.

Die katholische Literaturbewegung, von Beginn an in Deutschland mit der ›Romantik‹ verschwistert, belebt die volkstümlichen Formen der Literatur, so auch die Legende, wieder. Noch im Legendenton von Leo Weismantels ›moderner‹ Heiligenvita wirkt dies nach.[37] Im Ton wie im Verzicht auf zersetzende Kritik hatte jedoch bereits Montalembert, der früh zu den katholischen Zirkeln der Münchner

Spätromantik Verbindungen knüpfte, sein Monumentalgemälde eines katholischen Mittelalters als Großlegende angelegt[38]; belehrend und erbaulich wird geschildert, wie die Kirche, »die Braut Christi [...] unumschränkt über Geist und Herzen der Völker« herrschte. Denn die Wiederentdeckung des Volkstümlichen zielte ja auf die Bildung des Volkes. Längst ehe er in München zu einem Wortführer dieser katholischen Bewegung wird, hatte Joseph Görres – in der Einleitung seiner Edition der deutschen Volksbücher – das ›Volk‹ vom französischen ›peuple‹, dem Pöbel, als Subjekt der Revolution unterschieden.[39] Der Ort der Wiedergeburt des ›Volkes‹, das in der aufgeklärten Neuzeit sogar in Deutschland verkommen und verwahrlost war, ist die Poesie. Im Volkston wird der ›vierte Stand‹ umgedichtet – und umerzogen – zum ›Volk‹; die Kunst wird zum Medium einer ›glorreichen Restauration‹, einer Wiederherstellung im Sinn jenes oppositionellen, keineswegs staatsfrommen Konservativismus, der den politischen Stellenwert der katholischen Bewegung im 19. Jahrhundert bezeichnet. »Und so siegte«, resümiert Montalembert dieses sozialpolitisch brisante Bündnis von Kunst und Religion, »in der christlichen Gesellschaft die Kunst früher als der Reichthum über die Ungleichheit der Geburt«.

So vermag die Legende von der Heiligen Elisabeth von Thüringen nun, präfiguriert in spätmittelalterlicher Lokaltradition[40], auch vollends eine Schlüsselszene deutscher Kunstmythologie zu integrieren und an einem Gedächtnisort der deutschen Bildungsreligion anzusiedeln: der Wartburg.

Um die Wartburg, vielleicht mehr noch als um Weimar, ist der mitteldeutsche Kunstmythos zentriert. Noch in der späten, im Geleitwort unseres Bandes bereits zitierten Friedenspreisrede zeigt Reinhold Schneider sich fasziniert von diesem geographischen Sinn-Ort deutscher Kultur und deutscher Geschichte, die sich ja nur allzu selten ihrer Vereinigung im Begriff der ›Kulturnation‹ fügen wollten.

Hier, im Gedächtnisort der Wartburg, verbanden sich in lokaler Gegenwärtigkeit die beiden zeitlich weit getrennten Gipfel deutscher Kultur – das Mittelalter und die Klassik. Goethe selbst hatte (auf seiner ersten, berühmten Harzreise) die Wartburg als Denkmal entdeckt; während des ›silbernen Zeitalters‹ der Weimarer Kunstpflege unter Großherzog Karl Alexander[41] gelingt die Verwandlung der Wartburg-Ruine in das ›Ideal‹ einer mittelalterlichen Burg, wo »Gastlichkeit und Festesfreude, Minnesang und Dichterwettstreit«, die ehedem nur für »wenige Jahre«[42] geherrscht hatten, nun in die Dauer des kollektiven historischen Gedächtnisses gerettet wurden.

Von Montalembert inspiriert, malt Moritz von

Schwind die Wartburg aus, macht – wie noch heute lobend vermerkt wird – die mittelalterliche Szenerie anschaulich[43], erweckt zu neuem, gemütlichem Leben, was scheinbar dem tödlichen Fortschritt der Zeit anheim fiel. Die Kunst ist ja das Medium der Erlösung und Todesüberwindung in dieser Bildungsreligion[44] einer von ihrer eigenen Zeitverfallenheit traumatisierten Epoche.

Otto von Roquette, auch er wie Schwind ein schwärmerischer Gast auf der Wartburg, reimt das Libretto zu Franz Liszts Oratorium *Die Legende von der Heiligen Elisabeth*, literarisch geradezu eine Requisitenkammer für Genrebilder, zeitlos die Herzen rührend:

»Wie ist das Haus voll Sonnenschein! / Grüßt mir daheim mein Mütterlein!«[45] ruft das Kind Elisabeth aus, mit einer Weltbild-Formel des Sentimental-Traulichen, die für eine Unzahl früherer wie späterer Reimereien und Bilder gültig ist; gleich der erste Aufzug des Oratoriums ist dem »Rosenwunder« gewidmet, dann schließt in wirkungssicherem Kontrast der »Kreuzzug« sich an und weiter die beliebten Höhepunkte des Heiligen-Panoramas: »Die Vertreibung der Elisabeth«, »Elisabeth und die Armen«, »Verklärung der Elisabeth«; das ›Nachspiel‹ läßt sich den Auftritt des Hohenstaufen Friedrich II. und die Gelegenheit zu feierlichem Chorgesang bei der Bestattung der Elisabeth nicht entgehen – und wie die Musik des ungarischen Komponisten Franz Liszt und der Text des deutschen Dichters Otto von Roquette zusammenstimmen, so klingen die Chöre der ungarischen und der deutschen Bischöfe ineinander; die deutschen Bischöfe bejubeln die Überwindung der Geschichtlichkeit[46]:

> Laeta stupet Thuringia
> Fractis naturae regulis,
> Dum per Sanctae suffragia
> Miranda fluunt saeculis.

In Schwinds Bildprogramm steht neben der Heiligenlegende die Sagenüberlieferung vom Sängerkrieg auf der Wartburg. Seit E. T. A. Hoffmanns Erzählung *Der Kampf der Sänger* (1819), seit Bechsteins thüringischem Sagenschatz ist diese apokryphe spätmittelalterliche Überlieferung – ursprünglich ein Exerzitium im »Ethos des Lobens« und eine appellative Rückprojektion idealen Mäzenatentums[47] – Teil der romantischen ›Legende vom Künstler‹ geworden. Sie beglaubigt die Kunstübung als Extremsituation; im Tableau des ›Sängerkrieges‹ steht der Henker hinter dem Sänger, der sich gesellschaftliche Autonomie ertrotzt – und damit seinen ›Gesang‹ wie eine Tat in die politisch-gesellschaftliche Öffentlichkeit stellt; Heinrich Heines *Deutschland, ein Wintermärchen* bestätigte den Zeitgenossen mit eben dieser symbolischen Konfiguration von ›Sänger‹ und ›Henker‹ die aktuelle Lesbarkeit des Mittelalters.[48] Abgebildet wird diese Ambivalenz von Kunst und Todesernst, von unverbindlichem, aber schönem ›Wort‹ und eingreifender ›Tat‹ in der Geschichte der Wartburg.[49] Auf die Zeit heiteren Spiels und des Lebensgenusses folgt dort die Epoche des Ernstes, des Dienstes am Leid der Welt, des Lebensopfers. Auf den ›Krieg‹ der Sänger folgt der Kreuzweg der Heiligen Elisabeth.

»[D]ie Gesänge«, so fixiert Montalembert dogmatisch korrekt die Verschmelzung dieser beiden Überlieferungen, »bleiben, unter dem Namen des *Kriegs auf der Wartburg*, […] ein dichterischer Kranz um Elisabeths Wiege.«[50] Formuliert wird so die Abwertung von Kunst und ›Bildung‹, wie sie in der katholischen Bewegung im 19. Jahrhundert üblich war, bis Carl Muths *Hochland* – im Zeichen wiederum der Wartburg – das katholische Bildungsghetto für die säkulare Kultur öffnen will. Mit einer dienenden Rolle der Kunst – als Schmuck des ›Heiligen‹ – hatte sich die weltliche Kultur ohnedies längst nicht mehr begnügt. Bereits Richard Wagners »große romantische Oper« *Tannhäuser und der Sängerkrieg auf der Wartburg* verwandelt die Hierarchie des Religiösen in einen Kampf säkularer Archetypen, die sich nur mehr in religiöser Sprache artikulieren: »Tannhäuser«, so lautet Baudelaires prägnante Formulierung in seinem Essay von 1861 *Richard Wagner und der Tannhäuser in Paris*, »stellt den Kampf der beiden Prinzipien dar, die das menschliche Herz zu ihrem vornehmsten Schlachtfeld erkoren haben, wo das Fleisch wider den Geist, die Hölle wider den Himmel, Satan wider Gott streitet.«[51] Exemplarisch für die Menschen lebt der Künstler. Der Sänger Tannhäuser, auch er – wie sein Vorname ›Heinrich‹ anzeigt – einer aus der Sippe der deutschen faustischen Menschen[52], steht in Wagners ›Künstleroper‹[53] zwischen ›Venus‹ und ›Maria‹ – oder, in der symbolischen Topographie Thüringens, zwischen dem Hörselberg und der Wartburg. Die Stellvertreterin der Gottesmutter auf Erden aber ist die Heilige Elisabeth.

»Jedenfalls«, so hatte Wagner früh in der schwierigen Entstehungsgeschichte konstatiert, »steht nun die Heilige Elisabeth bei mir fest.«[54] »Heilige Elisabeth, bitte für mich!« lauten Tannhäusers Sterbeworte; erlöst bricht er auf ihrem Sarg zusammen.[55] Wagner verwandelt den christlichen Erlösungstod aus Liebe in einen erotischen Liebestod als Chiffre der Selbsterlösung. *Tannhäuser* war – als eine Selbsterkundung des Künstlers Wagner – aus der »Sehnsucht nach Befriedigung in einem höheren, edleren Elemente« entstanden, »das in seinem Gegensatze zu der einzig unmittelbaren erkennbaren Genußsinnlichkeit der mich weithin umgebenden modernen Gegenwart in Leben und Kunst, mir als ein reines und keusches, jungfräuliches, unnahbar und ungreifbar liebendes erscheinen mußte«.[56] Die Heilige Elisabeth wird hier zum Zeichen eines ›Ideals‹, dessen Transzendenz nur darin verbürgt ist, daß es im Leben so offenkundig mangelt; sie tritt ein ins Pantheon der bildungsbürgerlichen Surrogatreligion.

In Friedrich Lienhards ›Wartburg‹-Trilogie vollendet sich um 1900 diese Auflösung des christlichen Glaubens in eine säkulare ›Zivilreligion‹, die nunmehr ihrem ›Ideal‹ eine ›deutsche‹ Epiphanie zumutet. Dies Erscheinen des Deutschtums in der Geschichte ereignet sich in drei Stationen: dem Schauspiel *Heinrich von Ofterdingen*, am 29. Oktober 1903 im Hoftheater zu Weimar uraufgeführt; dem Trauerspiel *Die heilige Elisabeth*, am 21. Oktober 1905 wiederum in Weimar uraufgeführt; im abschließenden Gipfelwerk *Luther auf der Wartburg*. Lienhard ist der Prophet, der einem desorientierten Bildungsbürgertum die ›Wege nach Weimar‹ (so der Titel seines Hauptwerkes) ebenso weist wie den vorgeblich ›inferioren‹ Katholiken bei ihrem von Carl Muth angeführten Aufbruch in das gelobte Land der Bildung.

Lienhard schreibt seine ›Geschichte der deutschen Seele‹; sie handelt von der Pilgerschaft zum ›Ideal‹.[57] Es ist in der Poesie von alters her überliefert und aufbewahrt, muß jedoch vom echten Dichter immer neu geschaffen werden. Dann verwandelt es die Welt; aus Metamorphosen des Ideals erbaut sich – trotz der Erbsünde ›deutscher Zwietracht‹[58] und Zerrissenheit – das deutsche Reich. Der Grundstein ist das Nibelungenlied, die erste ›Tat‹ eines Dichters, der Geschichte stiftet; das Schauspiel *Heinrich von Ofterdingen* handelt von der Schöpfung dieses Nationalepos. Während seine lateinische Vorstufe von der gelehrten Kirche geborgen worden war[59], singt nun der deutsche Dichter Ofterdingen für das ›Volk‹, gegen die »höfisch-feinen Sänger«[60], muß sich indes noch auf der Wallfahrt zum ›Ideal‹ läutern; die Frau (noch nicht die Heilige Elisabeth) verkörpert es, die Wartburg ist sein Sinnbild.

Im zweiten Teil übernimmt Elisabeth die Rolle der ›idealen‹ Hausfrau der Wartburg; ›Sonne‹ und ›Rosen‹ sind ihre Attribute, die subtil in den Kontext der neu-deutschen Lichtfrömmigkeit[61] eingepaßt werden; sogar ihr Hospital ist »ein Haus voll Sonne«. Als »eine deutsche Hausfrau«[62] und »Mutter« wird sie verklärt, nachdem sie, treu ihrem innersten Gefühl, den Ränken des ultramontanen ›Pfaffen‹ Konrad von Marburg widerstand. Lienhard schrieb sein historisches Drama als aktuelles Zeitstück.[63] Seine Trilogie folgt einer dialektischen Aufbauformel, überwindet somit formal bereits das Erbübel der ›Zwietracht‹: In Luther, dem Helden des Wortes, vereinen sich die poetische und die fanatisch-religiöse[64] Erbschaft des Deutschtums: »Wollte mich unser Herrgott fröhlich machen wie diese Sänger und fromm machen wie Frau Elisabeth.«[65] Die Erhörung dieser Bitte öffnet eine deutsche Zukunft, die sich erst in Lienhards Zeit und – so dürfen wir ergänzen – in Lienhards Wirken ganz erfüllt; denn Lienhard als Nationalpädagoge schafft, wie er fest glaubt, dem deutschen Reich ein Volk aus wahrhaft deutschen Persönlichkeiten. In deren Denkmalgalerie ist Elisabeth von Thüringen nun eingereiht. Der Heiligen ist ihre Rolle im politisch-kulturellen Ensemblespiel der Reichs- und Kunstideologie der Deutschen zugeschrieben; das Ärgernis ist eingeordnet.

Schroff steht diesem ideologischen Syndrom der eine Satz aus Reinhold Schneiders Elisabeth-Essay entgegen: »Das Reich [...] ist untergegangen, unwiederholbar in der bekannten Gestalt, dem Mißbrauch ausgeliefert.« »Das Reich« aber, so fährt Schneider fort, auf das uns die Gestalt der Heiligen verweist, »um das es von Anfang ging und am Ende im ernstesten Sinne gehen wird, ist das Reich in uns.« (S. 81) Nicht das säkulare ›Ideal‹, das Reich Gottes setzt das Maß.

Uns darf indessen hier die Zustimmung nicht allzu leicht gemacht werden. Denn Reinhold Schneider verabschiedet in seiner Lesart der Biographie

Elisabeths von Thüringen mehr als den kruden deutschvölkischen Reichstraum eines Friedrich Lienhard und seiner schlimmeren Nachfolger, ja, sogar mehr als seine eigene Suche nach der Spiegelung des Reiches Gottes im irdischen Reich. Er gibt darüber hinaus die Tradition des deutschen Bildungsbürgertums in ihrem zentralen Wert preis, der sich selbst in den Phantasmen des Friedrich Lienhard noch verbirgt.

Denn die Erfindung des Volkes, und gar des deutschen Volkes, ordnet sich einem großen Trauma des 19. Jahrhunderts zu: der Angst vor dem Verlust des Menschen. Eben in dem Moment wird der einzelne als auf sich gestellte Persönlichkeit, als gebildeter Mensch, entworfen, als das Verschwinden des einzelnen Menschen im Prozeß der Modernisierung real zu werden droht. Die fortschreitende Naturwissenschaft reduziert ihn zur Funktion von Gesetzen; in den unerschöpflichen Stoffmassen der historischen Wissenschaften verliert sich ebenso seine Spur.[66] So ist der ›Mensch an sich‹, die autonome, am überzeitlichen und eigengesetzlichen ›Ideal‹ orientierte Persönlichkeit eine Konstruktion des 19. Jahrhunderts, die sich ohne Rückhalt bei Gott nur mühsam gegen die Angstgrößen des geschichtlichen Fortschritts zu behaupten vermag. Die Persönlichkeit, ›männlich‹ konzipiert, übersteigert sich deshalb zum ›Helden‹, dem »Mann der *Tat*«[67] wie dem

›Geisteshelden‹: »Auch der Dichter muß ein Held sein«[68], resümiert Lienhard. Der ›Held‹ macht die Geschichte; er bemächtigt sich des Weltlaufes, anstatt ihm zu erliegen.

Diese Macht-Geschichte der ›großen Männer‹ schien mit dem Ende des Weltkriegs 1945 endgültig abgeschlossen; bereits in den fünfziger Jahren herrscht die Überzeugung vom ›Ende der Geschichte‹, von der ›posthistoire‹.[69] Und doch scheint es heute, als sei diese Einsicht noch bis ins Jahr der welthistorischen Wende von 1989 gleichsam sistiert gewesen. Noch einmal hatte man ja in den fünfziger Jahren von der bürgerlichen Bildung die Rettung erwartet. Theodor Heuss formuliert dies besonnen abgrenzend im Vorwort der neuen Sammlung *Die großen Deutschen*, die in bemerkenswerter Kontinuität auf der Vorgängersammlung von 1935 fußt, ändernd, ohne grundstürzenden Neuansatz. Der vorsichtigen, das ›Ende der Geschichte‹ fürchtenden Restauration in den fünfziger Jahren korrespondiert eine Restauration als Simulation in den neunzigern; sie lebt nicht mehr aus einer echten Hoffnung auf die tradierten Sinnmuster, sondern vom ästhetischen Reiz medial arrangierter Traditionsbestände. Wiederum soll, schillernd illuminiert, das bürgerliche Subjekt seine Rolle auf der Welt-Bühne spielen, wird die ›Persönlichkeit‹ inszeniert, werden die dekorativen Kulissen der ›großen

Geschichte‹ aufgefahren. Aus dem Reich der Worte soll der ›Held‹ erneut ins wirkliche Leben treten. »Ist er ein erster, ist er ein letzter?« fragt der Dichter Botho Strauß in seiner Lobrede auf den rollenmächtigen Schauspieler Bruno Ganz[70], der »im Auge des Zyklons der Kunstentfremdung« – wie es zuvor in dieser Rede hieß – jedenfalls einer »der letzten Überlebenden im Heldenfach« sei; doch eben als eine Figur einer endenden Epoche steht er jetzt im Advent der rettenden, der ›kultstiftenden‹ Kunst, dem Anfang des Uralt-Neuen. Der Schauspieler als Held spielt in diesem geschichtsphilosophischen ›recycling‹[71] den Prolog für den Helden der – deutschen – Geschichte.

Angesichts solcher Phantasmen muß Reinhold Schneiders Essay als die Gegenstimme im Preis der ›großen Deutschen‹ ernst genommen sein. Elisabeth von Thüringens geschichtliche Sendung beruht nicht auf Macht, sondern paradox auf Ohnmacht; der Sinn dieser Gestalt für die Nachlebenden ist die paradoxe Verweigerung weltlicher Sinnstiftung; sie hatte sich von Rollen und Vorbild-Chiffren befreit; ihr ›inneres Reich‹ hat nichts mehr mit dem Imperialismus der Persönlichkeit gemein. Es verwirklicht sich in der Preisgabe der Ansprüche des Ich; es liegt jenseits der Geschichte, ein ›Wunder‹ in der Hinordnung auf Gott, ein ›Ärgernis‹ und eine Narrheit für die Menschen in der Welt. »Nur entschiedener Glaube«, so faßt Reinhold Schneider seine Gegen-Legende, seine andere, radikale Lesart der Heiligenvita zusammen, »kann zugeben, daß Entsagungen solcher Art einen Sinn haben und daß dieser wieder in das Geschichtliche wirkt; daß der Verzichtende, indem er aus einem Zusammenhange tritt, in einen höheren eingeht und nun, im Sinne der Stellvertretung, wieder da ist für alle: als Zeichen und Beispiel der Liebe, an der immer Mangel ist, als todesernstes Memento an die Mächtigen, die den Ernst des Amtes nicht tragen, als betendes Opfer und opferndes Gebet, als Sühne für verschuldete Völker und Regenten« (S. 30). In der »streng religiöse[n] Auffassung der Geschichte« (S. 26), wie sie der späte Reinhold Schneider sich – und uns – zumutet, bleibt kein Raum für die Rituale der Selbstbespiegelung, der Selbsterhöhung, der Simulation.

Statt des bürgerlichen Subjekts gibt uns Reinhold Schneiders Essay über die Heilige Elisabeth im Sammelwerk *Die großen Deutschen* als einen Maßstab unserer Orientierung in den Schrecken unseres Jahrhunderts den Menschen vor dem Kreuz.

1 Leo Weismantel: Elisabeth. Nürnberg 1931, S. 77.
2 [Charles Forbes Graf von] Montalembert: Leben der heiligen Elisabeth von Ungarn, Landgräfin von Thüringen und Hessen (1207-1231). 3. Aufl. Regensburg 1862, S. 43.

3 Vgl. Leo Weismantel: Reinhold Schneiders Tragödie. In: Begegnungen (Berlin), H. 3, 1963, Nr. 2, S. 32f.

4 Karl E. Demandt: Verfremdung und Wiederkehr der Heiligen Elisabeth. In: Hessisches Jahrbuch für Landesgeschichte 22, 1972, S. 112-161, hier S. 115.

5 Vgl. Paul Gerhard Schmid: Die zeitgenössische Überlieferung zum Leben und zur Heiligsprechung der heiligen Elisabeth. In: Sankt Elisabeth. Fürstin – Dienerin – Heilige. Hg. von der Philipps-Universität Marburg in Verbindung mit dem Hessischen Landesamt für geschichtliche Landeskunde. Sigmaringen 1981, S. 1-6.

6 Weismantel, S. 476.

7 Vgl. aus dem Vorwort der Herausgeber die Absichtserklärung: »Im schlichten Adel volkstümlicher Anschaulichkeit sollen die großen Deutschen wiedererstehen, die in allen Bereichen menschlichen Schaffens als Führer voranschritten, in Wesen und Handeln unser Schicksal gestaltend«. In: Die Großen Deutschen. Neue Deutsche Biographie. Hg. von W. Andreas und W. v. Scholz. Berlin 1935 f., Bd. I, S. 6. Unser anschließendes Zitat aus der Einleitung von Theodor Heuss zur Neuausgabe, S. 17.

8 Begegnungen mit Theodor Heuss. Hg. von Hans Bott und Hermann Leins. Tübingen 1954, S. 297-301.

9 Reinhold Schneider. In: Begegnungen mit Theodor Heuss. Hg. von Hans Bott und Hermann Leins. Tübingen 1954, S. 300f.

10 Theodor Heuss: Tagebuchbriefe 1955/1963. Eine Auswahl aus den Briefen an Toni Stolper. Hg. von Eberhard Pikart. Tübingen 1970, S. 90.

11 Vgl. George L. Mosse: Das Bild des Mannes. Zur Konstruktion der modernen Männlichkeit. Frankfurt a. M. 1997. – Die Figurationen des Weiblichen in der Literatur des ›renouveau catholique‹ – also bei Claudel oder in Romanen wie Bernanos *La joie* (1929) – und deutschen Nachfolgern (wie Gertrud von le Fort, die 1934 auch einen Essayband *Die ewige Frau. Die Frau in der Zeit. Die zeitlose Frau*, 1950 einen weiteren *Die*

Krone der Frau vorlegte) sind bisher noch nicht im Zusammenhang dargestellt worden.

12 Dolf Sternberger: Panorama oder Ansichten vom 19. Jahrhundert. Frankfurt a. M. 1974, S. 60. – Die innere Nähe von ›Novelle‹ und Genrebild belegt Agnes Miegels *Herbstabend. Eine Novelle um die Heilige Elisabeth zu ihrem 700. Todestag 1931* (zuerst erschienen im *Tag* am 16. 11. 1931, dann 1939 im Privatdruck zu Eisenach als »Gruß aus dem Wartburgland« zum 60. Geburtstag der Dichterin). Die epigonaler Novellentheorie entsprechende ›Novelle‹ schürzt – nach dem wirkungssteigernden Prinzip von ›Bild‹ und ›Gegenbild‹ – die Begegnung der Hoheit der Welt mit der Hoheit und Heiterkeit der Heiligen in einer ›bedeutenden‹ Situation; die Vertreter der Welt, Gesandte des ungarischen Königs, fallen auf die Knie angesichts ihrer im Elend den höchsten menschlichen Adel verkörpernden Königstochter; diese personale Reinterpretation ständischer Kategorien ist bezeichnend für den sentimentalen Historismus des 19. Jahrhunderts.

13 Vgl. Montalembert, S. 111.

14 Ebd., S. V.

15 Vgl. aus der reichen Forschungsliteratur zur historischen Gedächtnisbildung jüngst Daniel Fulda: Wissenschaft aus Kunst. Die Entstehung der modernen deutschen Geschichtsschreibung 1760-1860. Berlin und New York 1996. Zu den ›heiligen Repräsentanten‹ und der Rückprojektion des ›Nationalen‹ noch immer grundlegend: František Graus: Lebendige Vergangenheit. Überlieferung im Mittelalter und in den Vorstellungen vom Mittelalter. Köln und Wien 1975.

16 Zur Biographie vgl. neben dem Band *Sankt Elisabeth. Fürstin – Dienerin – Heilige* vor allem noch den konzisen Abriß: Elisabeth, Landgräfin von Thüringen. In: Herzöge und Heilige. Das Geschlecht der Andechs-Meranier im europäischen Hochmittelalter. Katalog zur Landesausstellung […] 1993. Hg. von Josef Kirmeier und Evamaria Brockhoff. München: Haus der Bayerischen Geschichte 1993, S. 131-144.

17 Kirmeier/Brockhoff, S. 132.

18 Montalembert, S. 22.

19 Ebd., S. 7.

20 Kirmeier/Brockhoff, S. 133.

21 Fred Schwind: Die Landgrafschaft Thüringen und der landgräfliche Hof zur Zeit der Elisabeth. In: Sankt Elisabeth.
Fürstin – Dienerin – Heilige, S. 29-44, hier S. 41. Das folgende
Zitat aus Matthias Werner: Die heilige Elisabeth und Konrad
von Marburg. Ebd., S. 45-69, hier S. 48.

22 Kirmeier/Brockhoff, S. 134.

23 Matthias Werner: Mater Hassiae – Flos Ungariae – Gloria
Teutoniae. Politik und Heiligenverehrung im Nachleben der
hl. Elisabeth von Thüringen. In: Politik und Heiligenverehrung im Hochmittelalter. Hg. von Jürgen Petersohn. Sigmaringen 1994, S. 449-540, hier S. 455.

24 Vgl. Gábor Klaniczay: Legenden als Lebensstrategien: Mittel-
europäische weibliche Heilige im Spätmittelalter. In: Ders.:
Heilige, Hexen, Vampire. Vom Nutzen der Übernatürlichen.
Berlin 1991, S. 13-28.

25 Vgl. »Der Vorwurf des Mangels an Intelligenz, ja der Geistes-
gestörtheit, dem Elisabeth sich ausgesetzt sah, weist darauf
hin, daß sie einem neuen Typus exemplarischen Lebens zu-
zuordnen ist, der erst um 1200 in Erscheinung trat und auch
erst zu diesem Zeitpunkt in Erscheinung treten konnte: es ist
jener Mensch, der sich aus religiösen Gründen zum ›Idioten‹
(idiota) macht, wobei in diesem Wort sowohl die Unwis-
senheit und der Verzicht auf geistiges Sichgeltendmachen
gemeint ist als auch überhaupt der Verzicht auf gesellschaftlichen Rang« (Otto Gerhard Oexle: Armut und Armenfür-
sorge um 1200. Ein Beitrag zum Verständnis der freiwilligen
Armut bei Elisabeth von Thüringen. In: Sankt Elisabeth. Fürstin – Dienerin – Heilige, S. 78-100, hier S. 80f.).

26 Vgl. aber die neuere Studie von Werner (wie Anm. 23).

27 Ein Vergleich mit Günter Eichs berühmtem Gedicht *Inven-
tur*, der Sprach-Ordnung weltlicher Armut, böte sich an;
doch wäre zunächst auch diese deutsche ›Nullpunkt‹- und
›Kahlschlag‹-Literatur aus dem programmatischen Kontext

vor allem der frühen Gruppe 47 zu lösen und in das für Positionen des Glaubens offene Zeitgespräch im europäischen Zusammenhang zu stellen.

28 Vgl. meine Hinweise in: Edition als ›Bild‹ und ›Denkmal‹. Zu den Aufgaben einer kritischen Studienausgabe von Reinhold Schneiders Werk. In: Wesen und Widerstand. Forum zur christlichen Literatur im zwanzigsten Jahrhundert. Hg. von Wolfgang Frühwald, Karl-Josef Kuschel und Carsten Peter Thiede. Paderborn 1997, S. 129-142.

29 Werner (wie Anm. 23), S. 450.

30 Ebd., S. 452.

31 Ebd., S. 451.

32 Demandt, S. 125.

33 Sankt Elisabeth. Fürstin – Dienerin – Heilige, S. 513. Vgl. Helmut Beumann: Friedrich II. und die heilige Elisabeth. Zum Besuch des Kaisers in Marburg am 1. Mai 1236. In: Ebd., S. 151-166.

34 Werner, S. 534.

35 Aus einem Visionsbericht der Mechthild von Magdeburg, zit. nach Klaniczay, S. 19. – Zitat unten: Ebd., S. 14. – Es handelt sich wohl um ein in Klaniczays pointierter Formulierung verdecktes Bedingungsverhältnis.

36 Hier ist vor allem auf das Schlußbild des sog. Elisabethpsalters zu verweisen; vgl. Sankt Elisabeth. Fürstin – Dienerin – Heilige, S. 348.

37 Weismantels Versuch einer Re-Katholisierung der Genrefassung der Legende ist etwa an seiner Version des ›Sängerstreits‹ abzulesen (vgl. Weismantel, S. 22); diese wie andere Szenen eines impliziten Dialogs mit der säkularen Kultur sind aus einer programmatisch entworfenen katholischen Poetik Weismantels abzuleiten. Deren Grundsatz ist eine existentielle Wahrhaftigkeit, die – wie Weismantel am Beispiel eines mittelalterlichen Mysterienspiels erläutert – die Trennung von ›Kunst‹ und ›Leben‹ nicht in weltlicher ›Tat‹, sondern im Glauben aufhebt: »Spiel und Beten und Weinen wurde eins, und es war, als seien die Begebenheiten auf dem Schaugerüst

kein Spiel, sondern alle seien leibhaftig dabei gewesen, wie ihr Herr Jesu Christ den Leidensweg gegangen und gestorben sei« (ebd., S. 360). Der katholische Autor legt Zeugnis ab mit seinem Werk; die Heilige tritt – in der traditionellen Form des Musenanrufs – an die Stelle der weltlich-heidnischen Legitimationsinstanzen der Poesie: »Ich muß mich an dich wenden, daß du mich vor der Sünde der Unwahrhaftigkeit bewahrst, damit ich kein falsches Zeugnis ablege und den Menschen nicht Träume statt der Wirklichkeit des Lebens verkünde.« (o.p.)

38 Vgl. Montalembert, S. 74; Zitat ebd., S. 6. Vgl. meine Studie: München – Paris – Wien. Die ›liberale‹ und die ›kirchliche Parthey‹ unter König Ludwig I. von Bayern in ihren Beziehungen zum Ausland. In: Space and Boundaries./Espace et Frontières. Proceedings of the XIIth Congress of the International Comparative Literature Association./Actes du XIIe Congrès de l'Association Internationale de Littérature Comparée [München 1988]. Volume 1: Plenary Sessions. Colloquium Munich. Hg. von Roger Bauer und Douwe Fokkema. München 1990, S. 143-151.

39 Vgl. Hans Joachim Kreutzer: Der Mythos vom Volksbuch. Studien zur Wirkungsgeschichte des frühen deutschen Romans seit der Romantik. Stuttgart 1977, S. 27-35 u.ö. Zitat unten: Montalembert, S. 71.

40 Vgl. Peter Strohschneider: Johannes Rothes Verslegende über Elisabeth von Thüringen und seine Chroniken. Materialien zum Funktionsspektrum legendarischen und historiographischen Erzählens im späten Mittelalter. In: Internationales Archiv für Sozialgeschichte der deutschen Literatur 22, 1997.

41 Vgl. Ilse-Marie Barth: Literarisches Weimar (= Sammlung Metzler, Bd. 93). Stuttgart 1971, S. 122 f.

42 Fritz Kühnlenz: Eisenacher Porträts. Von Männern und Frauen, die der Wartburgstadt das Gesicht gaben. 3. Aufl. Rudolstadt 1980, S. 71.

43 Ebd., S. 82. – Vgl. die zusammenfassende Bemerkung von Re-

nate Kroos: »Was sich in den Schwind'schen Medaillons mit den Liebeswerken der Elisabeth so freundlich und adrett ansieht, ist in Wirklichkeit kaum schlimm genug vorzustellen« (Zu frühen Schrift- und Bildzeugnissen über die heilige Elisabeth als Quellen zur Kunst- und Kulturgeschichte. In: Sankt Elisabeth. Fürstin – Dienerin – Heilige, S. 180-239, hier S. 213). Weiteres unten in den Erläuterungen zu den Abbildungen im vorliegenden Band.

44 Vgl. Aleida Assmann: Arbeit am nationalen Gedächtnis. Eine kurze Geschichte der deutschen Bildungsidee. Frankfurt u. a. 1993, S. 40-66.

45 Die Legende von der Heiligen Elisabeth. Dichtung von Otto Roquette. Musik von Franz Liszt. Leipzig: Breitkopf & Härtl o. J. [ca. 1890], S. 4; vgl. Elisabeths Wechselrede mit ihrer Schwiegermutter Sophie, die hier den traumatisierten Typus der ›bösen Mutter‹ verkörpert: »Erfüllt will ich den kühnen Willen wissen!« (S. 12) – »Auch du bist Mutter, höre / Die Stimme der Natur, / Erbarmen, ach, begehre / Ich für die Kinder nur!« (S. 14.) Schillers *Jungfrau von Orleans* hatte mit der Kombination von weiblichem Eigenwillen und verleugneter Mutterliebe in der Figur der Königin Isabeau dem kollektiven Gedächtnis des 19. Jahrhunderts das eindrückliche Muster dieser Potenzierung der Unnatur vorgegeben.

46 Ebd., S. 19.

47 Vgl. die prägnante Deutungsskizze von Burkhart Wachinger. In: Sankt Elisabeth. Fürstin – Dienerin – Heilige, S. 352 f. Dazu jüngst Beate Kellner und Peter Strohschneider: Die Geltung des Sangs. Beobachtungen zum ›Wartburgkrieg‹. In: Wolfram-Studien 15, 1997 (im Druck).

48 Vgl. Caput VI von Heinrich Heine: Deutschland. Ein Wintermärchen (1844). Die Konstellation ist um den ›Traum‹ als Schöpfungsprinzip des ›Poetischen‹ und zugleich als Kennzeichen des deutschen Nationalcharakters zu ergänzen; als Erlösungsprinzip wird in der Logik dieser Semantik die ›Tat‹ gefordert.

49 Soweit aus den Quellen zu entnehmen, wäre ein möglicher

Sängerwettstreit in der Eisenacher Hofhaltung Landgraf Hermanns I. zu lokalisieren; vgl. Sankt Elisabeth. Fürstin – Dienerin – Heilige, S. 356 ff.

50 Montalembert, S. 81.

51 Charles Baudelaire: Sämtliche Werke / Briefe. Hg. von Friedhelm Kemp u. a. München 1992, Bd. 7, S. 108.

52 Vgl. Hans Schwerte: Faust und das Faustische. Ein Kapitel deutscher Ideologie. Stuttgart 1962, S. 261 f. u. ö. Bereits in der Bibelexegese von Goethes *Faust* ist der spätere Kult der ›Tat‹ angelegt; so heißt es auch im *Tannhäuser*: »die holde Kunst, sie werde jetzt zur Tat!« (Richard Wagner: Die Musikdramen. Mit einem Vorwort von Joachim Kaiser. Hamburg 1971, S. 235).

53 Vgl. Peter Wapnewski: Die Oper Richard Wagners als Dichtung. In: Richard-Wagner-Handbuch. Hg. von Ulrich Müller und Peter Wapnewski. Stuttgart 1986, S. 223-352, hier S. 256. Zur Aufhebung des spirituellen ›Dualismus‹ von Venus und Maria im *Tannhäuser* in *einer* »Liebestragödie« vgl. ebd., S. 260.

54 Wagner an Ernst Benedikt Kietz, 10. 9. 1842; zit. nach Wagner, S. 256.

55 Ebd., S. 251.

56 Wagner: Eine Mitteilung an meine Freunde [1851]; zit. nach ebd., S. 255.

57 Vgl. Hildegard Châtellier: Friedrich Lienhard. In: Handbuch zur »Völkischen Bewegung« 1871-1918. Hg. von U. Puschner, W. Schmitz u. J. Ulbricht. München 1996, S. 114-130, bes. S. 124 f.

58 Vgl. Friedrich Lienhard: Wartburg. Dramatische Dichtung in drei Teilen. Stuttgart 1906, hier: Ofterdingen, S. 19 f. Die Teile dieser Trilogie werden jeweils mit ihrem Stichworttitel zitiert. Wirkungsmächtig hatte Gerhart Hauptmann in seinem Historiendrama *Florian Geyer* (1896) den angesichts einer zunehmend aggressiven Lagermentalität im Zweiten Kaiserreich höchst brisanten Gefahren-Topos der ›deutschen Zwietracht‹ gestaltet.

59 Lienhard nimmt hier die in der damaligen Germanistik aktuellen Spekulationen um eine lateinische ›Nibelungias‹ auf.

60 Lienhard: Ofterdingen, S. 22. Zum Folgenden vgl. ebd., S. 66.

61 Vgl. Janos Frecot u. a.: Fidus 1868-1948. Zur ästhetischen Praxis bürgerlicher Fluchtbewegungen. München 1972, S. 288-301.

62 Lienhard: Elisabeth, S. 67.

63 Vgl. auch zur hier offenkundigen Nachwirkung des ›Kulturkampfes‹ meine Skizze: Gründerzeit. In: Killys Literaturlexikon, Bd. 13, S. 379-383.

64 In der religiösen Phase wird das ›Tat‹-Prinzip forciert: Der ›Henker‹ hat jetzt allein das Regiment; vgl. Lienhard: Elisabeth, S. 62.

65 Lienhard: Luther, S. 57.

66 Vgl. meine Studie: Der unerlöste Prophet. Zum literarischen Werk des Adolf Friedrich Graf Schack: In: Adolf Friedrich Graf von Schack. Kunstsammler, Literat und Reisender. Hg. von Christian Lenz. Heidelberg 1994, S. 63-84, hier S. 66 ff. Außerdem Edgar Zilsel: Die Geniereligion. Ein kritischer Versuch über das moderne Persönlichkeitsideal, mit einer historischen Begründung. [1918]. Hg. v. Johann Dvořak. Frankfurt a. M. 1990.

67 Lienhard: Ofterdingen, S. 17.

68 Ebd., S. 10.

69 Der Begriff der ›posthistoire‹ wurde durch Hendrik de Mans *Vermassung und Kulturverfall* (1951) in die Diskussion in Deutschland eingeführt, dann vor allem durch Arnold Gehlen verbreitet; vgl. Klaus Vondung: Die Apokalypse in Deutschland. München 1988, S. 498.

70 Botho Strauß: Der Fürstreiter. In: Der Spiegel, Nr. 21, 20. 5. 1996, S. 221 u. 223.

71 So Botho Straußens früherer Kommentar zur Sinnbildung in komplexen modernen Gesellschaften als »recycling des Bedeutungsabfalls« (Die Widmung. Erzählung. [1977]. München 1980, S. 66).

Lebensdaten der
Heiligen Elisabeth von Thüringen

1207 Elisabeth wird als Tochter des Königs Andreas II. von Ungarn und seiner Gemahlin Gertrud von Andechs geboren.

1211 Elisabeth wird, wie es in einem Pakt gemäß den üblichen dynastischen Heiraten festgelegt war, an den thüringischen Hof gebracht, um dort mit den Kindern des Landgrafen Hermann I. erzogen zu werden.

1221 Elisabeth wird mit dem thüringischen Landgrafen Ludwig IV. vermählt. Der junge Landgraf strebte eine Ausdehnung seiner sich bereits weit ins Hessische erstreckenden thüringischen Stammlande an, vor allem den Erwerb der meißnischen Gebiete und der Niederlausitz. Reichspolitisch agierte er als treuer Anhänger des Kaisers Friedrich II.

1226 Im Frühjahr wählt Elisabeth im Einverständnis mit dem Landgrafen den Magister Konrad von Marburg zu ihrem Beichtvater und geistlichen Führer; sie legt ihm – unbeschadet der Rechte ihres Gemahls – ein Gehorsamsgelübde ab.

1226 In diesem schweren Hungerjahr läßt Elisabeth, in Abwesenheit ihres Gemahls, die landgräflichen Vorräte verteilen; ihren persönlichen Besitz schenkt sie den Armen, für die sie ein Hospital am Fuß der Wartburg in Eisenach erbauen läßt.

1227 Die enge Bindung an Kaiser Friedrich II., der seine politischen Pläne unterstützte, bewegt Landgraf Ludwig IV. zur Teilnahme an dem Kreuzzug, zu dem sich Friedrich bereits 1215 bei seiner Krönung verpflichtet hatte. Am 11. September, in Italien, noch vor der Einschiffung ins Heilige Land, stirbt der Landgraf an einer im Heer der Kreuzfahrer wütenden Seuche.

Zwischen Elisabeth und ihrem Schwager, dem jetzt regierenden Landgrafen Heinrich IV. Raspe, kommt es bald zum Bruch. Der Landgraf weigert sich, ihr die im Ehekontrakt zugesicherten Witwengüter zu überlassen; der Hof schmäht und vereitelt ihre von Konrad von Marburg gebotene asketische Lebensführung. Elisabeth verläßt mit ihren Kindern die Wartburg; unter dürftigen Bedingungen hält sie sich im Winter 1227/28 in Eisenach auf.

1228 Im April nimmt ihr Onkel Bischof Ekbert von Bamberg die Verfolgte auf; da sie sich einer – von ihm betriebenen – Wiederverheiratung widersetzt, weist er ihr als vorläufigen Wohnsitz seine Burg Pottenstein an.

In die Auseinandersetzungen mit dem landgräflichen Haus hatte sich bereits Konrad von Marburg eingeschaltet und im Februar/März erwirkt, daß Papst Gregor IX. Elisabeth in seinen apostolischen Schutz aufnahm und ihn, Konrad, mit der Wahrnehmung dieses Schutzes betraute. Die Verhandlungen münden, nach einer Zusammenkunft Anfang Mai bei den Bestattungsfeierlichkeiten für Landgraf Ludwig, in einen Vergleich: Elisabeth erhält 2000 Mark Silber sowie ein Grundstück in Marburg zur Erbauung eines Hospitals.

Elisabeth siedelt im Sommer nach Marburg über. Noch vor der Jahreswende kann in dem neuerrichteten Hospital die Armen- und Krankenpflege aufgenommen werden.

1229 In Abwesenheit Konrads von Marburg verteilt Elisabeth aus dem ihr inzwischen zugewiesenen Witwengut 500 Mark Silber an die Armen. Sie widmet sich stets auch selbst der Pflege der Hospitalinsassen.

Konrad von Marburg, ein strenger geistlicher Zuchtmeister Elisabeths, ordnet Finanzen und Betrieb des Hospitals; er entzieht Elisabeth ihren Hofstaat, auch die treuen Hofdamen Gunda und Isentrut. Sie werden durch einen Laienbruder und eine ältere Magd, eine »despektierliche Person«, wie Konrad später schrieb, ersetzt; beide beobachten Elisabeth, melden dem Beichtvater, wenn sie ihrem Mitleid mit den Hungernden zu weit nachgab und über das ihr erlaubte Maß hinaus Almosen spendete. Auch Geißelungen gehören zu den strengen, dafür verhängten Bußübungen.

1231 17. 11.: Nach kurzer Krankheit stirbt Elisabeth von Thüringen.

1235 12. 5.: Elisabeth von Thüringen wird, nach einem im Sommer 1232 noch von Konrad von Marburg angeregten Kanonisationsprozeß, von Papst Gregor IX. im Dominikanerkloster zu Perugia zur Heiligen erhoben.

1236 1. 5.: Die feierliche Erhebung und Translation der Gebeine der Heiligen Elisabeth findet im Beisein Kaiser Friedrichs II. in Marburg statt.

Reinhold Schneiders Essay: *Elisabeth von Thüringen. 1207-1231* erschien zuerst in: Die großen Deutschen. Deutsche Biographie. Hg. von Benno Reifenberg und Theodor Heuss. Berlin 1956 ff. Bd. I.

Sein Sonett *Sankt Elisabeth* stammt aus dem Nachlaß; es ist auf den 1. 7. 1948 datiert. Mitgeteilt ist es – nach dem Text der *Gesammelten Werke* – in: Reinhold Schneider: Gedichte. Hg. v. Christoph Perels. (= suhrkamp taschenbuch 1418). Frankfurt a. M. 1987, S. 281.

Unsere Ausgabe folgt diesen Drucken.

Im Nachlaß Reinhold Schneiders haben sich zwei Typoskripte des Essays (jeweils im Umfang von 31 Seiten) erhalten. Beide sind im Textbestand identisch und weisen auch keine nennenswerten Varianten gegenüber dem Erstdruck auf. Sie enthalten jedoch einige Anmerkungen, die Aufschluß über Quellen geben, die Reinhold Schneider herangezogen hat.

Für die illustrativen Vergleiche mit mittelalterlichen Dichtungen wurde jedenfalls herangezogen: Josef Nadler: Literaturgeschichte des Deutschen Volkes. Dichtung und Schrifttum der deutschen Stämme und Landschaften. 4. Aufl. Erster Band. Volk (800-1740). Berlin 1939.

Neben Montalemberts Biographie (vgl. Anmerkung 2 zum »Nachwort«) benutzte Schneider den Insel-Band:

Der Elisabethschrein in Marburg. Mit einem Geleitwort von Erika Dinkler. Insel-Bücherei 565. Wiesbaden 1953.

Weiter sind in einem der Typoskripte zahlreiche Streichungen vorgenommen. Sie sind nicht datiert, könnten jedoch auf eine spätere Überarbeitung, etwa für einen Vortrag, hindeuten. Wahrscheinlich gemacht wird dies auch durch gelegentliche Randbemerkungen – wie etwa die Anweisung: »dies gekürzt referieren« neben einer längeren Streichung.

Die Streichungen umfassen etwa ein Drittel des gesamten Textes; sie zielen auf eine Straffung und auf das Herausarbeiten der biographischen Kernerzählung; dabei entfallen auch wichtige bedeutende Passagen, wie etwa: S. 14, Z. 1-5; S. 21, Z. 28-S.22, Z. 1; S. 22, Z. 11-16; S. 22, Z. 26-28; S. 37, Z. 14-23; S. 38, Z. 4-27; S. 64, Z. 16-19.

Gelegentlich werden gestrichene Passagen durch knappe, überleitende Bemerkungen ersetzt.

Für die gestrichene Passage

S. 35, Z. 14 - S. 36, Z. 7: Aber nach aller Wahrscheinlichkeit... auf noch unheimlichere Weise als in den Verfolgten.

wird folgender Abschnitt eingeschoben:

[Franziskus und Elisabeth]; die südfranzösischen Ketzer verachteten das Fleisch: göttlich sei nur der Geist, Christus konnte das Fleisch gar nicht annehmen, sein Leib war Täuschung. Um so tiefer beugten sich die Heiligen hinab, in der Erniedrigung der Krankheit und äußerster Armut und noch in den Leichnamen das von Christus geheiligte Fleisch zu ehren.

Ob Reinhold Schneider diese Version seines Textes über Elisabeth von Thüringen einmal verwendet hat, ist nicht bekannt.

Zu den Abbildungen

Nahezu zwei Jahrzehnte hat der Sagen- und Legen-
denkreis um die Wartburg den Maler Moritz von
Schwind (1804-1871) beschäftigt.

Im Jahr 1837 war ein erstes Aquarell *Der Sängerkrieg auf der Wartburg* entstanden; im Jahr 1845,
nach einem entsprechenden Auftrag des Städel-
schen Kunstinstituts, arbeitet Schwind intensiv an
einem Ölgemälde, und besucht für weitere Studien
auch die Wartburg; im Frühjahr 1846 erwirbt der
Frankfurter Städel das Gemälde für 7400 Gulden. Im
Sommer 1855 wird, nach jahrelangen Verhandlungen und Vorarbeiten, die Arbeit an den Wartburg-
Fresken abgeschlossen. Ein Ölgemälde *Der Hand-
schuh der hl. Elisabeth* wird im Jahr 1856 vollendet.

Schon gegen Ende des Jahres 1849 war es zu ersten
Kontakten zum Weimarer Hof wegen einer Ausstat-
tung der Wartburg mit Fresken gekommen. »Die
Ausmalung von wiederaufgebauten mittelalterlichen Burgen für Fürsten, die sich aus der sie bedro-
henden Gegenwart in eine glanzvolle Vergangenheit hineinträumten, mit Legendenszenen, die
durch Kunst zur Wahrheit werden sollten, war das
Feld, auf dem Schwind am liebsten tätig war.«[1] Die
Verhandlungen zogen sich bis ins Jahr 1853 hin. Im
Oktober dieses Jahres konnte Schwind – »ein gebil-

deter und denkender Künstler«[2] – die Konzeption für den Freskenzyklus *Das Leben der hl. Elisabeth* wie auch für die Darstellung des *Sängerkriegs auf der Wartburg* einsenden, mit der eigentlichen Freskomalerei jedoch erst im Mai 1854 beginnen. »Die Wartburg«, so resümierte der von den schwierigen Umständen entmutigte Maler einmal, »ist ein so wichtiger Platz, daß eben mehr geschehen muß, als dem Gelde und der Zeit nach möglich ist.«[3] Gelegentlich fürchtete er, das Projekt werde »an der Unvereinbarkeit der nationalen Forderungen der Wartburg« scheitern.[4]

Er hatte sich auf den ›Sängerkrieg auf der Wartburg‹ und die Elisabethlegende konzentriert. Den Stoff für seine Darstellungen entnahm er wohl vor allem aus dem vierbändigen Werk *Der Sagenschatz und die Sagenkreise des Thüringerlandes* (1835-1838) seines Freundes Ludwig Bechstein: »Die Elisabeth-Galerie besteht aus einer langen Wand, in der sich sechs hochformatige Rechteckbilder zum Leben der Heiligen mit sieben Rundbildern abwechseln, wobei jeweils ein Medaillonfresko den Anfang und das Ende bilden. Die Rundbilder stellen die sieben Werke der Barmherzigkeit nach Matthäus 25, Verse 35-37, dar, und diese karitativen Taten werden von der heiligen Elisabeth ausgeführt; Schriftfelder weiter unterhalb der Medaillons bezeichnen jeweils das entsprechende Barmherzigkeits-Werk. Ein

schlichtes, in hellen Farben gehaltenes Ornament-
system füllt den gesamten Raum zwischen den Bildern.«[5] Nach dem Willen des fürstlichen Auftragge-
bers Karl Alexander von Sachsen-Weimar sollte die
Heilige Elisabeth jenseits konfessioneller Beschrän-
kung als »das Muster christlicher, fürstlicher und
weiblicher Tugend«[6] dargestellt sein, eine heikle
Anforderung, deren Grenzen Schwind brüsk mar-
kierte: »Wie ist's mit der heiligen Elisabeth zu verstehen? das ist der casus belli. – [...] Die heilige
Elisabeth, wenn ich sie auch selbstverständlich auf
dem Schlosse nicht so behandeln werde, wie ich sie
auf einem Altarbild oder erzählend in einer Kirche
behandeln würde, [...] ist und bleibt die heilige Elisabeth mit dem Wunder der Verwandlung ihrer
Brote in Blumen, und ich würde auf die Zumutung,
das wegzulassen, ebensowenig eingehen können«.[7]
Der katholische Maler Schwind insistierte gegen die
Vorbehalte des evangelischen Fürstenhauses auf der
Katholizität des Mittelalters: »Die heilige Elisabeth
ohne ihre katholische Zutat zu behandeln, hätte
mir die Arbeit unmöglich gemacht. [...] Abgesehen
davon ist mit dem Reifchen um den Kopf und dem
mystischen Blumenkorb in der Hand, das poetische
Moment hin und die Möglichkeit der Kenntlichma-
chung verloren.«[8] Schließlich war aber eine Kompo-
sition gefunden, die mit ihren verschiedenen Ele-
menten jede Partei zufriedenstellen konnte: »Den

Wechsel von Szenen des höchsten, fürstlichen Lebens liebenswürdigster Weiblichkeit, großartigen Kunstsinnes und fast einsiedlerischer Innerlichkeit zu verbinden und ein Ganzes daraus zu machen – das soll mir nachmachen, wem's beliebt. Für den Raum, der über oder unter dem Bilde übrigbleibt, soll eine einfache Verzierung mit den sieben Werken der Barmherzigkeit die rechte Vorbereitung für die lutherische Kapelle bilden.«[9]

Schwinds Fresken nähern sich dem Typus des ›Essenzbildes‹ an, d.h. sie führen am historischen Exempel »lehrhafte Einsichten in allgemeine Zusammenhänge«[10] vor. Als Panorama eines der Kunst wie dem Heiligen geweihten Mittelalters fügen sie sich in den Erwartungshorizont der damaligen Mittelalter-Mode,[11] wie sie gerade auch in München florierte, wohin der berühmte ›Erneuerer der Freskomalerei‹, der ›Nazarener‹ Peter von Cornelius, Schwind schon 1828 gezogen hatte. »[F]rommes Rittertum, Minne und altdeutsche Kunst«[12] wollte die *Gesellschaft für Deutsche Altertumskunde von den drei Schilden* als Erbe für die Gegenwart bewahren; sie sammelte sich um den Bildhauer Ludwig Schwanthaler, auf dessen Protektion Schwind sich in den schwierigen Jahren nach seiner Übersiedlung nach München verlassen wollte.[13] »Daß alte Zeiten werden neu«, lautete der Wahlspruch, den sich die Schildgenossen aus den Gedichten des bayerischen Königs Ludwig I. gewählt hatten.[14] Auch Schwind sah im »Ritterwesen des Mittelalters und im Volkstum [...] noch unverfälschtes deutsches Wesen, das er pflegen wollte.«[15] Gerade als ›Vorbilder‹ für die ›neue Zeit‹ hatte auch Schwind seine historischen Fresken konzipiert und deshalb versucht, die Empirie des Historischen so zu stilisieren, daß ihr ›idealer‹ – und damit zeitlos-aktueller – Gehalt kenntlich werde. »Die Handlung an und für sich«, so erläuterte er deshalb etwa das Sängerkriegs-Fresko, »ist ungeheuer roh und gewalttätig. Gleichwohl handelt es sich darum, zur Anschauung zu bringen den großen Adel, der im 13. Jahrhundert liegt – keine Kleinigkeit – aber es scheint gelungen. Ich knüpfe da an, wo der Adel liegt, in der hohen Ehrfurcht, die den Frauen gezollt wurde – die Stärke des Glaubens konnte ich nicht hineinziehen, und damit scheint das Kunststück gelungen.«[16] Er hatte deshalb auch eine historische Typologie so konstruiert, »daß im Sängerstreit das Thüringische Haus, als Mittelpunkt der Beschützer der deutschen Dichtkunst, eben darin als Vorfahr des Weimarischen Hauses erscheint«[17], und demgemäß in den *Sängerkrieg auf der Wartburg* nicht nur den Auftraggeber Karl Alexander von Sachsen-Weimar-Eisenach, sondern auch den Komponisten und Hofkapellmeister Franz Liszt sowie Goethe und Schiller (wie auch sich selbst) hineinporträtiert.

Mit diesem Ideal-Historismus war Schwinds Schaffen in der Nach-1848er Ära schon an die Peripherie eines Zeitgeschmacks geraten, der bereits seit der spektakulären Münchener Schau von 1842 an den ›realistischen‹, dekorativ aufwendigen Historienbildern der ›Belgischen Schule‹ mit ihrer »Verbindung von theatralischem Pathos und wissenschaftlicher Detailgenauigkeit«,[18] an den Großgemälden eines Louis Gallait und Eduard de Bièfve wie ihrer deutschen Nachfolger – etwa des in München so erfolgreichen Carl Theodor Piloty – größeres Gefallen fand. »Wenn man mir verzeiht, daß ich die schönen deutschen Gegenstände nicht Lust habe ins Belgische zu übersetzen, so wird mit mir gut auskommen sein«,[19] ließ der mißmutige Maler denn auch während der Verhandlungen seine Auftraggeber wissen. Und er war höchst erleichtert, daß sich bei dieser repräsentativen Leistung schließlich das Publikum doch für ihn erklärte: »Gott sei Dank, gefallen die Sachen auf der Wartburg, was mich hauptsächlich freut, weil ich nicht die kleinste Konzession gemacht habe«;[20] und – mit wiederholtem Stoßseufzer: »Gott sei Dank, ist alle Welt zufrieden, Katholiken wie Protestanten«.[21] Besonders stolz war Schwind auf die öffentliche Resonanz für die Elisabethgalerie: »Es gefielen aber [...] die sieben Werke der Barmherzigkeit, [...] daß sogar die protestantische Kirchenzeitung darüber in Jubel ausbrach.«[22]

Der Erbgroßherzog Karl Alexander von Sachsen-Weimar-Eisenach verlieh dem Maler, wie dieser es erhofft hatte, den Falkenorden[23] seines Hauses.

1 Helmut Börsch-Supan: Die deutsche Malerei von Anton Graff bis Hans von Marées. 1760-1870. München 1988, S. 410.

2 Ebd.

3 An Eduard von Bauernfeld, 27. 11. 1854; in: Moritz von Schwind: Briefe. Hg. v. Otto Stoessl. Leipzig 1924, hier S. 355.

4 An Friedrich Preller, 30. 11. 1851; Briefe, S. 285.

5 Moritz von Schwind. Meister der Spätromantik. Hg. v. der Staatlichen Kunsthalle Karlsruhe. Ostfildern-Ruit 1996, S. 33-53, hier S. 210f. Zu den Wartburg-Fresken vgl. S. 74-79, zur Elisabethgalerie ebd. S. 78 f. – Vgl. seinen Brief an Bernhard Schädel, 25. 12. 1853; Briefe, S. 342.

6 Karl Alexander von Sachsen-Weimar an Schwind, 13. 1. 1854; Carl Alexander und die Wartburg in Briefen an Hugo von Ritgen, Moritz von Schwind und Hans Lucas von Cranach. Zweites Heft der Freunde der Wartburg e. V. Hannover 1925, S. 54.

7 An Franz v. Schober, 21. 6. 1853; Briefe, S. 324; zuvor ebd., S. 325.

8 An Franz v. Schober, 3. 7. 1853; Briefe S. 327.

9 An Franz v. Schober, 3. 7. 1853; Briefe, S. 328.

10 Friedrich Gross: Zum Nutzen oder Nachteil der Gegenwart? Geschichte in Bildern Schwinds. In: Moritz von Schwind (wie Anm. 3), S. 37.

11 Vgl. Gross, S. 44-48.

12 Walter Schmitz: »Daß der teutsche Styl das ganze Leben der Teutschen umfassen möge«. Die »Gesellschaft für Deutsche Altertumskunde von den Drei Schilden«: Ihre Vorgeschichte in Franken und ihr Wirken in München. In: »Vorwärts, vor-

wärts sollst du schauen…«. Geschichte, Politik und Kunst unter Ludwig I. [Katalog zur Ausstellung in Nürnberg 1986]. Hg v. Claus Grimm u. a. Bd. II. München 1986, S. 419-439, hier S. 422.

13 An Ludwig Schaller, 6. 9. 1835; Briefe, S. 116.

14 Vgl. Schmitz, S. 432.

15 Börsch-Supan, S. 409.

16 An Bernhard Schädel, 11. 4. 1855; Briefe, S. 366.

17 An Franz v. Schober, 24. 10 1852; Briefe, S. 296.

18 Börsch-Supan, S. 449.

19 An Julius Schnorr von Carolsfeld, 10. 7. 1853; Briefe, S. 331.

20 An Eduard von Bauernfeld, 27. 11. 1854; Briefe, S. 355.

21 An Frau v. Frech, Wartburg 24. 8. 1855; Briefe, S. 367.

22 An Josef Kenner, 17. 10. 1854; Briefe, S. 353.

23 An Franz v. Schober, 5. 6. 1853; Briefe, S. 322.

Bildnachweis

Die Wiedergabe der Bildausschnitte aus Moritz von Schwinds »Elisabethgalerie« (1855) erfolgt mit freundlicher Genehmigung der Wartburg-Stiftung Eisenach.

Inhalt

Anhang

Religion und Mystik
im insel taschenbuch

171/1/12.96

Religion und Mystik
im insel taschenbuch

Literatur der Moderne
im insel taschenbuch

155/1/12.96

Literatur der Moderne
im insel taschenbuch

Literatur der Moderne
im insel taschenbuch

Literatur der Moderne
im insel taschenbuch

155/4/12.96

Literatur der Moderne
im insel taschenbuch

155/5/12.96